金山风水三线情

南川三线建设纪实

JINSHAN FENGSHUI
SANXIAN QING
NANCHUAN SANXIAN JIANSHE JISHI

重庆市南川区党史和地方志研究室 编

重庆出版集团
重庆出版社

图书在版编目（CIP）数据

金山凤水三线情：南川三线建设纪实/重庆市南川区党史和地方志研究室编.—重庆：重庆出版社，2024.5
ISBN 978-7-229-18645-6

Ⅰ.①金… Ⅱ.①重… Ⅲ.①国防工业—经济建设—经济史—重庆 Ⅳ.①F426.48

中国国家版本馆CIP数据核字（2024）第084334号

金山凤水三线情——南川三线建设纪实
JINSHAN FENGSHUI SANXIAN QING——NANCHUAN SANXIAN JIANSHE JISHI
重庆市南川区党史和地方志研究室　编

责任编辑：陈渝生
责任校对：郑　葱
封面设计：OBD重庆一册博展设计 / 伍圆艺
版式设计：重庆市新亚文化艺术有限公司

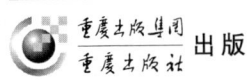

重庆出版集团
重庆出版社　出版
重庆市南岸区南滨路162号1幢　邮编：400061
重庆长虹印务有限公司印刷
重庆出版集团图书发行有限公司发行
全国新华书店经销

开本：710mm×1000mm　1/16　印张：14.25　字数：283千
2024年5月第1版　2024年5月第1次印刷
ISBN 978-7-229-18645-6
定价：78.00元

如有印装质量问题，请向本集团图书发行有限公司调换：023-61520678

版权所有　侵权必究

《金山风水三线情——南川三线建设纪实》
编纂委员会

主　任　　康　平
副主任　　李学民
委　员　　李　灿　张　凯　张华洋　曾祥友　余道勇
　　　　　胡雪岚　周　平　刘先忠　李钰容

编 辑 部

主　　　编　　余道勇
执行副主编　　刘先忠
副 主 编　　周　平　李钰容　赵国亮
责任编辑　　唐世叙　喻　苗
校　　　对　　李永红　冷卜丹

前　言

　　1964年五六月间，毛泽东从经济建设和国防建设的战略布局考虑，将全国划分为一、二、三线，提出三线建设问题，随后三线建设开始启动。三线建设期间，重庆及周边地区建立了门类较为齐备的以常规兵器制造为主，电子、造船、航天、核工业等相结合的国防工业生产体系，修建了川黔、襄渝两条铁路干线，对重庆的工业经济、城市建设、道路交通等方面产生了巨大影响，较大程度加快了重庆现代化进程。

　　南川由于独特的地理位置、丰富的自然资源和较为便利的交通条件，成为三线建设布局选址地区之一。1965年至1970年间，国家第五机械工业部在南川金佛山麓、凤嘴江畔、川湘公路沿线布局了国营宁江机械厂、国营天兴仪表厂、国营红山铸造厂、国营庆岩机械厂、国营红泉仪表厂、国营东风机械厂；第六机械工业部在南川布局了第七研究院第七一一研究所迁建工程。其中宁江厂、天兴厂、红山厂、庆岩厂、红泉厂等5个企业在南川实际建成并投产。另外，中央有关部委还先后在南川建设有九一一仓库、二十二仓库、二〇一工程等系列配套工程，南川还组织民兵远赴四川省大竹县参加了襄渝铁路建设。

　　三线企业在南川期间，组织开展了大规模基础设施建设和军品民品开发生产。南川干部群众以高昂的政治热情和发展情怀，以开放包容、无私奉献的朴素民风，在全力做好自身生产生活的同时，积极接纳远方的客人，全力支持国家大项目建设。南川各级地方党委政府积极组织建筑队和民工支援工厂建设，新建改建砖瓦厂、水泥厂、石灰厂、耐火材料厂、碎石厂、黄沙厂以及工矿商店、蔬菜基地，建设地方公路、输电线路等配套设施，为国家三线建设作出了不可磨灭的贡献。各三线企业在南川招收吸纳待业青年，派出技术人员为工农业生产提供技术指导，帮助建设氮肥、磷肥、机械、建材等工业企业，为南川乡镇企业的发展繁荣奠定了重要基础。作为南川三线建设重点的"五厂一所"就是6个小型工业园区和6个新建小城镇，它们在偏僻的山乡拔地而起，开启了现代南川小城镇建设和园区建设的先河。三线建设进入南川在客观上加快了南川工业化和城镇化进程，改变了南川人文生态，强化了南川开放包容的精神品质，吹响了南川创新发展、突破发展的历史号角。新时代南川巨大的经济社会和文化发展成就，是站在三线建设肩膀上的。

由于国内外形势的变迁，党中央、国务院适时提出对三线建设进行调整改造。第七一一研究所于1982年决定终止搬迁，九一一仓库于1986年迁往重庆，红山、红泉、庆岩三厂于1997年迁往重庆鱼洞镇，宁江厂和天兴厂分别于1999年和2000年迁往成都龙泉驿。驻南三线企业的外迁并没有阻断他们与南川的血脉相连，三线企业及其职工在新的生产生活环境中以全新的姿态开启了新的探索奋斗，南川全面推进改革发展进程，都在新的历史时期取得了瞩目的成就。

"艰苦创业、无私奉献、团结协作、勇于创新"，是专家学者对"三线精神"的概括性表述。从南川的视角，南川三线建设充分展现了南川人民及驻南"三线人"听从指挥、团结协作、攻坚克难、开拓创新、克己奉献等精神品质，推动新时代新征程新南川的创新突破和跨越式发展。

30余年的三线建设，凝结成南川独特的三线文化，成为南川重要的文化特质。南川三线文化主要体现为以开明开放的姿态积极接纳、支持和投身现代化建设，从三线建设延伸至新时期的招商引资和园区建设等，包含而不限于因地制宜、外引内联、开放包容、艰苦创业、学习分享、协作共赢等特征。三线文化是南川打造渝南黔北地区开放高地，吸纳先进技术、优秀人才和发展资源的重要载体，也是南川全面融入重庆主城都市区和成渝双城经济圈的重要切入点。

有关南川三线建设的回顾由来已久。原南川市政协文史资料编辑委员会于2001年12月编纂的《南川市文史资料》第14期首次设置"三线建设"专辑，发表相关回顾和回忆文章16篇。2007年4月，原南川区党史与地方志办公室组织撰写了专题研究报告《三线建设在南川》。南川区党史和地方志研究室在2021年12月编纂出版的《口述南川党史》收录了有关南川三线建设的文章6篇。这些对南川三线建设的研究和探索多偏重于某个部分或细节,整体打量和评价一直付诸阙如。有哪些三线单位曾经进入南川、驻南三线企业在南川做了些什么、南川人民为三线建设做了些什么、什么时间开启建设、三线企业什么时间迁离南川、与三线建设同时期在南川的还有哪些外来企业和人员,这些都缺乏系统、权威、准确的研究与表述。今天距离南川三线建设的启动已过60年,距离驻南三线企业迁离也已20余年,曾经的亲历者和知情人正在加速逝去,如果再不对南川三线建设作系统的回顾梳理,那段历史也许会永远尘封。

《金山凤水三线情——南川三线建设纪实》是收集整理南川三线建设档案文献资料和口述史资料的阶段性成果之一。全书通过考据查证部分档案文献资料,抢救性采集当事人、知情者口述资料,探究南川三线建设的历史背景和总体发展历程,梳理南川三线建设研究的问题线索,以留住弥足珍贵的三线记忆,引导全区干部群众和青少年宣传好、传承好三线精神。

本书重在开启南川三线建设的回顾、思考与研究进程。与之相关的工作还有很多,也特别繁重和紧迫,包括档案文献资料的收集汇编、口述史资料的抢救性发掘、专题研究的启动与综述、图片和实物的征集、遗址遗迹的普查保护开发利用等。这些都需要我们共同的不懈努力。

编 者

Contents
目　录

■ 前言

■ 第一章　三线建设落户南川
　第一节　三线建设选址南川的优势 …………………………… 2
　第二节　三线企业选址南川的过程 …………………………… 5

■ 第二章　三线建设"支重"体系的搭建
　第一节　好人好马上三线 ……………………………………… 12
　第二节　统筹领导助三线 ……………………………………… 16
　第三节　好田好土给三线 ……………………………………… 20
　第四节　万众一心建三线 ……………………………………… 25
　第五节　八方物资供三线 ……………………………………… 31

■ 第三章　三线基建的启动与陆续完工
　第一节　厂房厂址规划设计 …………………………………… 38
　第二节　按期完成"三通一平" ……………………………… 41
　第三节　打响全面基建歼灭战 ………………………………… 49
　第四节　干打垒和糊豆渣 ……………………………………… 56
　第五节　群众性质检活动 ……………………………………… 60
　第六节　基建工程竣工验收 …………………………………… 62
　第七节　组织民兵修筑襄渝铁路 ……………………………… 65

■ 第四章　三线企业的建制变迁与机构设置
第一节　驻南三线企业的建制变迁 ……………………… 74
第二节　领导体制的变迁 ………………………………… 77
第三节　内设机构的演变 ………………………………… 80

■ 第五章　职工内迁和就地补充
第一节　职工调配与举家内迁 …………………………… 84
第二节　新职工的招聘录用 ……………………………… 90
第三节　南川青年奔赴域外 ……………………………… 94

■ 第六章　驻南三线企业的早期生产
第一节　生产准备 ………………………………………… 98
第二节　试制生产 ………………………………………… 101
第三节　探索革新 ………………………………………… 106

■ 第七章　三线企业的民品研发与管理创新
第一节　形势逼人 ………………………………………… 112
第二节　找米下锅 ………………………………………… 114
第三节　厂地抱团发展 …………………………………… 118

■ 第八章　厂地协作与融合发展
第一节　支援南川地方工业 ……………………………… 124
第二节　开展支农助农服务 ……………………………… 128
第三节　公共服务联通共建 ……………………………… 132
第四节　人文交流深入推进 ……………………………… 136
第五节　加强环保管理 …………………………………… 140

第九章　为三线企业搞好后勤保障
- 第一节　做好三线企业粮油供应 …… 146
- 第二节　解决三线职工居家出行 …… 154
- 第三节　发展三线教育卫生事业 …… 158
- 第四节　大集体和个体工商业 …… 166

第十章　驻南三线企业的整体搬迁
- 第一节　三线调整的历史背景 …… 174
- 第二节　争取纳入调整搬迁 …… 177
- 第三节　遗留资产的清算交接 …… 180
- 第四节　南川三线建设的终止 …… 185
- 第五节　人员安置及财税划转 …… 188

第十一章　三线遗产的开发利用
- 第一节　三线遗址的重新开发 …… 194
- 第二节　三线企业踏上新征程 …… 198
- 第三节　南川实现新作为 …… 201
- 第四节　情缘未了 …… 205

后　记 …… 213

第一章
三线建设落户南川

所谓"三线",是毛泽东按照我国地理区域划分的前线、中间地带及后方三大战略布局。"一线",是指位于沿海沿边的前线地区,如北京、上海、天津、辽宁、黑龙江、吉林、新疆、西藏、内蒙古、山东、江苏、浙江、福建、广东等。"三线",是指长城以南、广东韶关以北、京广铁路以西、甘肃乌鞘岭以东的广大地区,包括四川、贵州、云南、陕西、甘肃、宁夏、青海7个西部省区及山西、河北、河南、湖南、湖北、广西等省区靠内地的一部分共13个省区。其中,四川、云南、贵州、陕西、甘肃、宁夏、青海、湘西、鄂西、豫西、晋西涉及的11个省自治区为"大三线","大三线"中的四川、贵州、云南、陕西、甘肃、湘西、鄂西、豫西所涉及的8省为重点建设地区。"二线",则是介于一线和三线的地区,主要包括安徽、江西及河北、河南、湖北、湖南4省的东半部。

中央在西南地区规划了以重庆为中心的常规兵器工业基地,以成都为中心的航空工业基地,以长江上游重庆至万县为中心的造船工业基地;在西北地区规划了航天工业、航空工业、常规武器、电子和光学仪器等工业基地。1965年2月21日,中央正式批准第五机械工业部(以下简称"五机部")以重庆为中心的常规武器工业生产基地的建设计划,揭开了兵器工业三线建设的序幕。

第一节 三线建设选址南川的优势

重庆有较强的工业实力和优越的地理位置，是西南三线建设的重点地区。1964年9月中旬，重庆地区三线建设规划小组成立，经过一个多月的努力，形成了关于重庆地区三线建设的一些初步规划意见，将周围地区工业布局大体划分为五个区域：在嘉陵江到渠江的华蓥山地区和从乌江往上的南川至秀山地区安排军事工业，在长江沿岸的长寿、涪陵一带摆放化学工业，在涪陵至巫山沿江地区安排造船工业，在重庆市周围改造建设冶金工业，在缙云山周围安排精密仪器工业。此外，还配合布局安排机械工业和煤、电、建材等生产部门和交通设施，与常规武器配套的产品设备摆在重庆周围，电力除重庆周围、江北、江津、璧山、合川和南川水江由重庆大电网供电外均就地解决，动力用煤、砖、瓦、砂石等一般就地解决，充分发展水运、整修改造铁路、公路、桥梁等[①]。

对于三线企业选址，中央明确的最基本的原则是"靠山、分散、隐蔽"的国防要求，在此基础上"大分散""小集中"，同时综合考虑经济合理、交通便利等因素，兼顾地形地貌、气候、交通、经济基础、水源等条件。那么，为什么会有这么多三线企业选址落户南川？金佛山下的南川到底有哪些优势呢？

一、南川有着特殊的区位优势

南川位于北纬30度附近四川盆地东南边缘与云贵高原的过渡地带，重庆市与贵州省交界处，大娄山脉西北侧，东接武隆县和贵州省道真县，南接贵州省正安县、桐梓县，西及巴县、綦江县和南桐矿区，北连涪陵县，是我国内陆腹地西南大山区，自古以来"不当孔道，据形胜，平日无夫差邮递之

[①] 中共重庆市委党史研究室：《中国共产党重庆历史》第二卷（1949—1978），重庆出版社，2016年1月，280页。

繁，有事不为兵冲"，被誉为渝南黔北"福地"[①]，素有"塞黔省之咽喉"[②]"黔蜀喉襟"[③]之称。从"三线"规划的角度来看，南川正好位于四川、贵州两个重点省的交界处，南部有金佛山、柏枝山、箐顶山等天然屏障，既外引内联又便于分散隐蔽。

二、南川有优越的地质地理条件

南川属于喀斯特地貌，南部金佛山地区的主要岩层为石灰岩，不属于地质活跃区域，在上千年有文字记载的历史中从未发生过六级以上地震，地质相对稳定。山势高峻，切割强烈，特别是山谷、洞穴众多，在这些天然洞穴周边和峡谷间建设三线企业，既隐蔽又安全，还可以节省"挖洞"的工程量。这一方面早有先例，如抗日战争时期国民政府第二飞机制造厂于1938年从江西南昌迁到原南川县丛林乡海孔洞。南川既有"分散、进洞"的天然条件，也有承接兵工厂内迁的历史经验。

三、南川有着良好的自然资源和工业基础

境内海拔高度从340米直上2200余米，发源于金佛山的大小溪河91条，其中流域面积20平方千米以上的溪河26条，水源相对丰富。南川地区植被繁茂，林木充裕，更难能可贵的是地下有丰富的石灰石、煤矿、铝土矿、石英砂、耐火黏土、页岩气等资源。1965年全县有县级工业企业75个，其中电力企业4个、煤炭企业9个、机械企业23个、建材企业2个，年产原煤9.4万吨、焦炭930吨、发电122万度、饮料酒682吨、木材0.8万方、砖1268万块，有土溪水库、双河水库、白净寺水库、肖家沟水库等30余座[④]。能够为大规模三线建设提供便利的资源支撑，适合布局大型工业企业。

[①] 柳琅声等：《重修南川县志》，1926年。
[②] 黄廷桂等：《四川通志》，1723年。
[③] 常明等：《四川通志》，1816年。
[④] 《南川县志》，四川人民出版社，1991年。本节所用1960年代数据，未注明者均引自该书。

四、南川气候条件优良，适合大规模生产生活

南川地区属亚热带季风气候区，垂直气候明显，气候温和，雨量充沛，生态优美，既无严寒也无酷暑，四季分明，霜雪稀少。春季气候回暖早，春干时有发生；初夏多连阴雨，盛夏多伏旱；秋季连阴雨天气突出；冬季来得缓，入冬后气温低。年与年之间波动频繁，北部深丘地带常年平均气温可高达17.3℃，南部中低山区常年平均气温8.3℃，南北温差为9℃。南川还是传统产粮区，1966年耕地面积约72.11万亩，粮食产量2.76亿斤，人均产粮677.86斤。良好的生态环境和农业资源为大量职工及其家属提供了良好的生活保障。

五、南川交通较为便利

南川自古以来就是渝南黔北的交通要道。连接成渝和长沙的川湘公路从南川境内中部穿过，西北通往南桐矿区火车站40千米、重庆主城170千米，东北通往乌江码头80千米；南涪公路北往涪陵码头105千米；南道公路东南至贵州省道真县101千米；南头公路西南通往贵州省桐梓县202千米[①]。1960年代中期南川已另建乡村公路约20条、373千米，通达主要区乡。四通八达的交通线，便利各种大型设备、生产资料和产品、人员进出。

六、南川拥有丰厚的人文情怀和人力资源保障

南川历史文化悠久，民风纯朴，为渝南地区汉族文化与黔北地区少数民族文化交融碰撞之地，自古以来人口、文化、资源等流动频繁，形成了勤劳坚韧、开放包容的人文特性，有利于三线企业的迅速融入。自辛亥革命以来，南川是川渝地区最早建立党的基层组织的地方之一，拥有百年不断的革命斗争传统，有着听党指挥、实干苦干、勇于奉献的精神，有容纳参与国防工业、国防工程建设的人文传承，能够为三线建设提供坚实的人文保障。1960年代中期南川有人口40.7万，16岁以下人口占比为41.2%，16至55周岁人口占比为54.5%，有初等教育以上文化程度的占比为37.73%，干部群众综合素质较高，能够为三线建设提供充实的人力资源。

---

① 据南川县志办公室《南川县情》（1978—1992），1993年6月。

正是以上诸多原因，使南川与三线建设碰撞出历史的火花，数十万南川人民与几万三线人从此结下不解之缘。

第二节 三线企业选址南川的过程

在"靠山、分散、隐蔽"的大原则下，三线建设具体选址布局要求平衡备战和经济合理性，以及建设难度、生产生活条件等。各个地方也希望三线企业有带动性、辐射性，符合地方发展需求和长远规划。因此，三线企业选址是多方考量的结果。

一、赴南选址

三线建设的选址要求较高。上至党中央、国务院，再到国家计委、国防工办、五机部、六机部、七机部，以及四川省委、重庆市委、重庆筹建处等机构，下到涪陵地委、涪陵支重办，南川县委、南川支重办等，都高度重视。对南川来说，这不仅是一项政治任务，也是南川发展前所未有的机遇。巡山选址队伍的到来，打破了南川山村多年的平静，也让各级干部群众激动不已。

从1964年10月起，各级领导开始到川湘公路沿线及其以南的文凤、水江、三泉、双溪、半河、沿塘、南极、丁家嘴、岭坝、石莲、鱼泉、头渡等至少14个有山、有河、有洞的乡镇选址。南川县时任县委书记宫家和、陶现禄，县委副书记吴耀臻、武春荣等，先后接待了国家计委副主任程子华、铁道部长吕正操、国防工办刘兆生、五机部副局长孙云龙、六机部王栋成、西南局书记处书记阎秀峰等上级领导，并分别陪同他们到水江、三泉、文凤、永安等地选定厂址。南川县领导在陪同考察调研时，特别认真仔细地介绍南川的山美、水美、洞幽和山乡人民的心灵美，并一再表示为支援三线建设一定动员好、宣传好和组织好地方支援工作。当年的南川县计委办公室主任尹顺常说起当年爬坡涉水、钻山进洞的情景还豪情满怀，言语间仍激动不已。他说：

> 我们每天早出晚归，自带干粮，乘车前往目的地，由当地政府派人找当地熟悉情况的老农带路，拿电筒、火把照明，蹚水进沟，爬坡钻洞，进行实地踏勘选择。饿了啃几口干馒头，渴了喝几口山泉水。前前后后跑了一个多月。进沟30余条，钻洞40多个，蹚河10多条。进的山沟有石峨村的大沟、天星沟、大坝沟、桐梓沟；钻的洞有半河的石膏洞、老龙洞，大河坝的穿山洞、烟云洞，岭坝的老龙洞、仙女洞、里隐洞等；蹚过的河有鱼泉河、山岔河、三泉河、龙骨溪、凤嘴江、石峨溪、木渡河、岭坝河、沿塘河、团凶河等。

能够被选作三线企业驻地，对基层干部群众来说是件非常荣幸的事情。南川本地企业也高度支持三线企业的到来。只要选址人员能够看得上，无论选在哪个地方、哪一处地块，他们都无条件地支持，拿出来让企业挑选。南川人民的热情好客在选址人员面前毫无保留。三泉镇原药材村党支部书记梁长明对此深有感触：

> 1966年红泉厂建厂时，我任半河乡药材大队的党支部书记。我记得，厂家属区开初选址不是在我们药材村，而是在大河坝。当时红泉厂的厂长是王文良，书记是李魁文，副厂长兼总工程师是莫忠祥，他们来选址时，是按照毛主席"分散、靠山、隐蔽"的方针来开展工作的，但觉得大河坝沟沟坎坎、悬岩陡壁，建设难度大，最终还是选在了我们药材村，作为厂的家属区（生产区在龙骨溪）。在征地时，南川县武装部的罗春山也来参与，三泉药物场的王永生（他是一位老红军）也很支持，共征地108亩。药物场还借一幢房给予红泉厂作为办公楼。

二、选址确定

根据国家建委要求，"工业的分散布局要有个合理的界限。如果片面强调分散、靠山、隐蔽，忽视经济合理的要求，也会对社会主义建设事业带来不良的后果"，"一般军工企业和民用工厂的建设应当兼顾国防安全和经济合理的要求,尽可能靠近原料、燃料、水源、电源,并且把一些在生产上有密切联系的工区工厂成组地布置在一起,建成一些适当的工业点",但"少数国防尖端工业,比如二机、七机等部所属的一些项目,不能强调算经济账,必须按分散、靠山、隐蔽的原则进行建设"。国家建筑工程部(简称建工部)提出"七字八条":"贴、埋、嵌、散、藏、进、伪",还要求"主要车间要进洞"[①]。五机部《关于当前工厂设计工作中若干问题的暂行规定》对新厂设计作了4部分、7大原则、39条规定,其中指出,"尽量避免在大型水库、大型铁路枢纽、重要桥梁、机场以及其他重要目标附近建厂","一定要挑选山高、坡陡、谷狭、沟曲、地质较好的地方布点","应尽量利用山形地势,按地形作瓜蔓式、阶梯式、村落式、自由式等沿山分散布置","厂房要依山就势采取'镶嵌、掩埋、进洞'的办法"。

在此基础上,西南局三线建设委员会提出既要遵循"靠山、分散、隐蔽"的基本方针,又要兼顾有利企业的生产经营,明确提出:厂址要靠山上山,少占耕地,特别要少占水田,要分散隐蔽;国防工厂必须按"分散、上山、进洞"的原则来选择厂址;要靠近原料产地,避免不合理的运输,合理利用资源;要便于协作和配套,一定要有全面规划,综合平衡[②]。因为多重考虑和多重因素的制约,各个单位的具体选址乃至基建都经历过一系列探索调整。

红泉厂厂址在1966年5月初即确定在南川县半河公社大河坝大队龙骨溪沟距沟口9千米的大河坝,那儿东侧有一个1.1万多平方米的山洞可以利用。1966年9月,1400余名民工和主、副包厂干部工人陆续进场,边筹备边勘察、边设计边施工。但是,通过对山洞勘察发现,洞顶岩层太薄,支撑力小,不能使用,于是决定把工厂建在大河坝周围的山上和沟内。进一步施工过程中又发现,仅"三通一平"就极为艰巨,还经常发生山岩滑坡和塌方等,如1966年10月3日即有南川北因公社民工廖以钗被滚石砸死。1967年2月,现场指挥部向五机部汇报了施工中不能解决的问题,建议将

---

① 崔龙浩:《"备战"与"运动"下的三线企业选址》,《历史教学问题》2021年第2期,第74页。
② 四川省委党史研究室:《四川三线建设简史》,中共党史出版社,2019年4月。

厂址迁往东胜公社陈家沟。五机部基建局于1967年3月8日决定厂址仍在龙骨溪沟内不变，只是将厂区下移至龙骨溪沟沟口，总体布置上作适当调整，原定工厂规模不变，工艺方案、设备布置和单体厂房结构基本不变，单体厂房基本不变。职工宿舍则布置在三泉石门沟内。根据五机部的批示，现场党委又因此启动了新的搬迁和新厂址基建。

又如红山厂，该厂原计划与红泉厂合建于半河公社，就没有考虑选址问题。1966年8月上旬，由主包厂七九一厂、副包厂四九七厂及二九六厂部分干部、工程师、技术员到达半河龙骨溪后，认为那里虽然靠山隐蔽，而合建不利于企业发展，更不符合"小而简、小而专、小而精"的原则，就不愿意去半河。经五机部同意后，红山和红泉厂两厂决定分建，红山厂又于8月中旬在先锋、南平、木渡等地选址，在9月初步定址于永安公社甘罗大队第三生产队所属的向家沟。不久，五机部副部长王立、李玉堂来现场正式拍板决定，红山厂的选址得以最后确定。

宁江厂的选址，前期较波折而后期较为顺利。1964年10月，七二四厂基建副厂长刘荣泽、助理工程师吕钧、技术员周柏顺等来到四川省各地选址，首先到的是长江上游富顺县的八道湾。经过勘察，发现该处地处深山、依山傍水，堪称隐蔽，但交通闭塞。1965年2月，刘荣泽向五机部汇报后，八道湾被否定。于是又由刘荣泽带队来到重庆筹建处和涪陵地区，最终把新厂址选在南川县水江镇附近"大炼钢铁"时期下马的水江钢厂和铝氧厂旧址。那儿的有利条件是，可以利用原钢厂、铝氧厂的旧厂房进行改建，既可节约投资，又可加快建厂速度。

七〇一二工程的选址也几经波折。六机部第七研究院第十一研究所（现中国船舶集团有限公司第七一一研究所，又名上海船用柴油机研究所）决定搬迁至三线地区后，该所副所长刘希宽率队自1964年到1967年间，跑遍了祖国大江南北，从河南渑池县到四川武隆县黄渡沟，并且初步准备施工。后来发现黄渡沟存在某些不适合建厂的情形，又于1968年决定迁往南川县安坪坝[①]，并最终启动了七〇一二工程。

天兴厂的厂址选择一直不令人满意。1966年5月，第一任厂长盛金福

[①] 《南川市文史资料》第14辑，2001年12月，第39页。

率队从西安赴重庆地区选址。先后勘察了合川、璧山、铜梁等地,因不符合隐蔽要求而被否定。又由川北转向川南,最后决定选址南川三汇公社的天星沟。施工启动后,发现天星沟位于金佛山西麓,石钟溪贯穿厂区,汇水面积大、气候潮湿多雨,又于1967年2月提出迁建请求,但被上级否决。后经过多年洪水、危岩、滑坡、泥石流侵害,特别是1968年、1975年、1984年的三次特大洪灾后,才最终利用国家三线调整改造的机会实施了脱险搬迁[①]。

还有一些单位曾经在南川选定厂址,甚至已经开建,而后又放弃撤离了。据说1965年夏解放军空军某部来南川选址建设飞机场,先后到先锋公社田家大队、福寿公社的罗洞坪等地,均因机场要求太高故未选中。1965年秋,某海军学院到水江公社板桥大队勘察学院新校址,但是也没有选上。七〇一二项目所在的安坪一带,还曾有单位准备建设一座大型化工厂,甚至设想在从安坪到南川城区的南涪公路两侧连片建设家属区,后因凤嘴江水量太小而未被选中。南极乡鹰岩大队半溪河一带也曾被选建军工企业,后担心上游双河水库水坝不稳定,涨水垮坝会淹没下游工厂而未选中。红山厂所在的岭坝乡甘罗大队,还曾被选建东风机械厂,甚至已经组织人力、机械等开凿山洞,因种种原因于1968年5月被撤销,已征土地后来被移交给红山厂。

三、落户南川

1965年4月30日,五机部重庆地区筹建处批准了宁江厂的选址报告。1966年9月2日,五机部重庆地区筹建处批准天兴仪表厂、红山铸造厂、庆岩机械厂、红泉仪表厂和东风机械厂的选址。至此,五机部正式决定在水江镇联合大队、燕山大队建国营宁江机械厂,在三汇公社乡工农大队天星沟建国营天兴仪表厂,在永安公社甘罗大队、骑龙大队向家沟建国营红山铸造厂、东风机械厂(1968年5月撤销),在先锋公社石峨大队建有国营庆岩机械厂,在半河公社三泉大队龙骨溪建国营红泉仪表厂;六机部第七研究院在沿塘公社和平大队建第十一研究所新址,共六厂一所。

---

① 《南川市文史资料》第14辑,2001年12月,第12页。

其中东风机械厂于1968年撤销,第十一研究所(后改为"七一一研究所")于1981年决定不搬迁。南川地区实际建成并投产的有5个厂:宁江机械厂、天兴仪表厂、红山铸造厂、庆岩机械厂和红泉仪表厂。

此外,南川地区还建设有一系列其他项目的配套工程。如1975年至1976年间的二〇一工程,从白沙入境,经大观、兴隆、文凤、小河、德隆、合溪,出境于贵州正安。还有六机部西南物资配套处于1966年至1986年在石莲公社桐梓大队、杨柳大队建成并投用的"九一一库房",中央广播事业局于1976年至1988年在南极、东胜建设的"二十二库第三分库"及其配套工程,等等。

主要驻南三线企业在南川选址情况

厂名	代号	厂址
国营宁江机械厂	—	水江镇联合大队、燕山大队
国营天兴仪表厂	—	三汇公社乡工农大队
国营红山铸造厂	—	永安公社甘罗大队、骑龙大队
国营东风机械厂	—	永安公社甘罗大队、骑龙大队
国营庆岩机械厂	—	先锋公社石峨大队
国营红泉仪表厂	—	半河公社三泉大队
第七研究院第十一研究所	7012	沿塘公社和平大队
九一一库房	911	石莲公社桐梓大队、杨柳大队
二十二库第三分库	22	东胜公社、南极公社

第二章
三线建设"支重"体系的搭建

说到三线建设，人们脑海中的印象往往就是"好人好马上三线""备战备荒为人民"，还有就是"三块石头支口锅，帐篷搭在山窝窝"[①]，其主体基本上指的是从一线地区支援三线建设的建设者们，或相关建设部队官兵。而三线地区各级党委政府和人民群众对三线建设的参与和支持，以及中央各部委对三线建设的参与，也同样重要。"集中力量办大事"，集中的力量来自方方面面。南川县成立县支援重点建设办公室，简称"支重办"。"支重"成为当时南川的重要政治任务。

---

① 《中国共产党简史》编写组：《中国共产党简史》，人民出版社、中共党史出版社，2021年2月，第208页。

第一节 好人好马上三线

重庆地区军工企业建设的核心是一线支援三线,主要有三种方式:一线厂对口协作进行技术改造、一线厂支援科研技术人员及设备、一线地区成套工业性企业支援[①]。1960年代初的南川有一定工业基础,但主要是煤炭、硫黄、生铁,以及白酒、化工、五金、制革、砖瓦、土陶、造纸等地方"五小"工业,难以在短期内改造为现代工业特别是现代国防工业。因此,南川的三线建设重点采用第三种方式,即一线地区迁建南川或由一线地区在南川援建复制一座功能齐备的新厂。其中新建的有宁江机械厂、天兴仪表厂、红山铸造厂、庆岩机械厂、红泉仪表厂,只有六机部第七研究院第十一所属于迁建。

一、基建部队

三线建设的基建方面主要由中国人民解放军基本建设工程兵第21支队(代号"建字21部队")负责,特别是厂房部分。建字21部队是由施工队伍"工改兵"为基建工程兵的最早一支部队,其前身是1952年2月在沈阳市铁西区成立的建工部东北工程管理局第二建筑公司,为支援三线建设于1965年7月组建为国家建工部第二工程局移驻重庆,1966年8月1日整编为中国人民解放军基本建设工程兵第21支队。该建设部队辖201、202、203、204、205、206、207、208共8个大队(代号依次为建字201至208部队,1980年改"大队"为"团"),支队机关设在重庆市沙坪坝,先后承担一机部、五机部、六机部、七机部、国防科委、总后勤部等部委在重庆地区的近百个国防工业项目,后于1983年9月改编为中国建筑第七工程局。

[①] 中共重庆市委党史研究室:《中国共产党重庆历史》第二卷(1949—1978),重庆出版社,2016年1月,第281页。

建字 21 部队下属单位中至少有 204、205、207、208 四个大队参与了南川三线建设，另外还有总字 817、南字 816 和 88738、56274 等部队在南川施工。具体承建情况，红泉厂的基建由建字 204 部队二区队（建字 204 部队团部驻南川县城，部分驻城郊）和建字 208 部队工程连（负责工厂设备）负责；庆岩厂由建字 204 部队一区队及建字 207、建字 208 部队各一部承建；建字 204、205 部队还承担了九一一仓库的工程施工；天兴厂由建字 207 部队和建字 205 部队（建字 205 部队机关设在南平镇）负责施工；红山厂由建字 205 部队二区队负责室外工程，建字 208 部队负责室内安装。总字 817 部队是六机部第七研究院的代号，其直属部队专门负责协助南字 816 部队搞七〇一二建设，负责七〇一二工程的主力部队南字 816 隶属南京军区，建字 204、207 等部队也一度参与七〇一二工程攻坚。负责二十二库的是中国人民解放军 88738 部队；二〇一工程由解放军 56274 部队 84 分队承担。

建字 21 部队首赴南川开展宁江厂的施工时，尚称建筑工程部第二工程局（简称"建工部二局"）。该厂原计划由建字 208、建字 205 部队负责建设，由于施工的电源问题迟迟得不到解决，相关建设部队根据上级安排改赴一五七项目（在南桐矿区）打"歼灭战"，建工部二局下属的五公司(即建字 205 部队)、安装公司和吊装公司成为宁江厂基建施工的主力。

基建部队战士的施工和生活条件非常艰苦，他们严格保密纪律，还需要克服水土不服、环境恶劣等等一系列困难。据时任 21 支队 205 大队政委褚青严回忆：

> 因为我们承担的都是国防工程建设任务，工程都在大山里面，有的还在天然大溶洞里。部队驻在施工项目附近，有利于快速施工，也有利于安全、保卫工作。当时建厂房及配套设施时，也只知道个大概用途，就是生产军工产品的……，我们是只管盖厂房，不该操心的事一概不问。
>
> 当时部队官兵的居住和生活条件都相当艰苦，我们刚到重庆时，住的都是自己搭建的棚子，墙是用树枝荆条编的，为了遮风御寒，再用泥巴里外糊一糊，房顶大多是干草遮盖的。重庆的冬天还不太冷，最难熬的是夏天，热起来叫人躲都没法躲。晚上热

得实在没法，就到宿舍外的水泥地上拉个席子睡觉。结果时间一长，地面的热气加湿气浸入颈部，自此，我就落下了"摇头"的毛病，终生未愈。[1]

在特殊的历史时期，基建部队在施工期间还要参与地方的一些其他工作。如1967年9月，中国人民解放军建字204、205部队会同南川县人民武装部，奉上级命令执行"支左"任务，在南川组建"南川县抓革命促生产委员会"[2]。

二、对口援建单位

对口建厂的支援单位，一般由一线地区确定主包建厂（主包）和副包厂，分别承担新厂的规划、建设、设备配备、人员抽调等各方面工作。驻南6个三线企业中，有4个厂由北方兵工企业主包，1个由重庆地区兵工企业包建，1个由上海科研院所主建。

北方企业主包的是天兴厂、宁江厂、红泉厂和庆岩厂。天兴厂由陕西西安市的八四四厂包建，主要干部、工程技术人员和大部分工人由八四四厂调配，主要设备也由八四四厂调拨。宁江厂是沈阳市内迁的第一批三线企业，由七二四厂主包、一五二厂副包，从干部到工人，甚至炊事员都从东北派遣。红泉厂由内蒙古包头市的四四七厂主包、四五六厂副包。庆岩厂由黑龙江黑河市的六二六厂主包，主要干部职工和前期设备也由该厂派遣[3]。

七〇一二工程是上海的六机部第七研究院第十一所的搬迁项目，因此没有主包厂或副包厂，由该所副所长刘希宽带领工程技术人员、管理人员及七一一所科技处、器材处、后勤处、政治部、一一〇厂（七一一研究所的下属工厂）等抽调的数十人负责协助监督，建字816部队负责全面的施

---

[1] 载微信公众号"中国建筑第七工程局有限公司"：《走近·企业红色故事：战天斗地，投身"大三线"建设》，2021年7月20日。
[2] 中共南川县委党史研究室：《南川党史研究资料》，1992年第4期，总第96期，1992年8月10日，第9页。
[3] 东北网：庆华工具厂勇挑重担包建兵工厂。https://m.dbw.cn/difang/system/2017/03/03/057556892.shtml。

工管理并代表工地对外联络协调。

由重庆本地兵工企业负责包建的是红山厂。地处三线核心的重庆也承担有支援三线建设的任务，也就是说三线建设并不都由一、二线地区支援。当时重庆地区有7个常规兵器工业企业先后向外调出大批干部、工人和机器设备，直接援建其他地区新工业基地建设。最初主包红山厂的是二九六厂，由于该厂包建任务太大于1966年10月调整为七九一厂包建，二九六厂、四九七厂、二五六厂、四五六厂联合内蒙古四四七厂副包。其中四四七厂同时也是红泉厂的主包厂。

驻南三线企业建设施工单位情况

厂　名	主管部委	主包厂 （业主单位）	副包厂	施工部队
国营宁江机械厂	第五机械工业部	七二四厂	一五二厂	建字204 建字208
国营天兴仪表厂	第五机械工业部	八四四厂	—	建字205 建字207
国营红山铸造厂	第五机械工业部	二九六厂 七九一厂	二九六厂 四九七厂 二五六厂 四五六厂 四四七厂	建字205 建字208
国营庆岩机械厂	第五机械工业部	六二六厂	—	建字204 建字207 建字208
国营红泉仪表厂	第五机械工业部	四四七厂	四五六厂	建字204 建字208
第七研究院第十一研究所	第六机械工业部	总字八一七	—	南字816 建字204 建字207
九一一仓库	第六机械工业部	西南物资配套处	—	建字204 建字205
二十二库第三分库	中央广播事业局	—	—	88738

第二节　统筹领导助三线

为保障三线建设有序推进，中央先后批准成立西南三线建设委员会，以及铁道指挥部、渡口指挥部、重庆兵器工业指挥部等部门。又于1965年成立重庆地区常规兵器配套建设指挥部，负责指挥重庆地区的三线建设。对单个的重大项目也实行指挥部体制，由建设单位、施工单位、设计单位、物资供应部门、当地党委联合组成项目指挥部，指挥长由建设或施工单位一把手担任。这种指挥部体制，完全按照国家批准的项目建设方案来控制投资，在计划经济条件下，是一种比较高效的体制。在物资供应方面，由中央物资部在西南专门设立三线物资指挥部，在重庆设立重庆物资局。重庆物资局不归重庆市政府管，直属中央物资部，因为打破了行业、地区界限而较为高效。在县级微观层面，则通过实践总结的"工农结合、厂社结合"争取和统筹地方资源，在强化统一管理的同时又兼顾地方实际，通过现场指挥部、支重办、驻厂代表等充分调动地方支持支援三线建设的积极性。

一、现场指挥部

三线基建期间，五机部在重庆成立了重庆地区筹建处等机构。涪陵地区对应设置支援重点建设办公室（简称"支重办公室"或"支重办"）、军工科等机构，南川县设有支重办公室，它们是沟通工厂和地方关系的重要机构，负责解决基建时期的建筑材料、劳动力及现场人员生活等问题。具体到建设队伍，每一个新厂建设工地也有一个大致的分工。有搞土建的，负责新厂房建设；有搞安装的，负责边建设边安装；有搞运输的，负责砖瓦沙石、机器设备等的搬运。

如庆岩厂工地，由建字204部队搞土建，建字207部队搞安装，建字208部队负责运输。因此，各个建设单位都设有现场指挥部。如宁江厂的现场指挥部和现场党委设立于1965年10月8日，由肖景林（宁江厂党委书记）任党委书记，刘培荣（建工部二局五公司党委书记）任副书记，张清云任指挥长，现场党委下设办公室、组织科、宣传科、保卫科、工会、团委，现场指挥部下设生产计划科、材料供运科、财务会计科、人事劳动科、行政总务科、机械动力科、质量安全科、生产准备科、医院、水电队、安装队、木工队、土建施工队、民工队、预制场、修理场等。天兴厂现场党委和指挥部成立于1966年10月17日，王鸿昌（七九一厂副厂长）任书记，孙德胜（建字205部队）任指挥长，南川县副县长陈光辉等为成员。红泉厂现场党委书记由李魁文担任，现场指挥部指挥长由曾文忠（建字204部队）担任，成员有陈光辉等。

领导机构的总体结构是厂方干部约占三分之一，施工单位干部约占二分之一，南川县派出干部1人。七○一二工程因属部队编制，其"七○一二工程统一领导小组"由南字816部队的4名干部，和建字204部队、建字207部队、建字208部队、涪陵地革委军工组、酉阳民工总领队、南川支重办各1人组成，算是个特例。

二、支重机构

南川干部群众对三线建设高度重视和支持，既把支援三线建设当作最重要的政治任务，也把它视为改变山区发展面貌的重大机遇。县委、县政府分别确定由县委副书记吴耀臻、县政府副县长陈光辉负责支援三线建设工作。吴耀臻是南下干部，工作很有魄力；陈光辉是老地下党员，在群众中的威信高。

原南川县委书记、时任涪陵地委书记孙俊卿及南川县委、县政府领导等多次到三线建设现场了解情况，发现问题及时帮助解决。涪陵地委副书记左世杰同志经常到现场了解情况，听取汇报，为了搞好工厂建设曾提出很好的建议。比如，他建议宁江厂把工具车间搬到主厂区，这样有利于工厂管理；建议把工厂围墙搞起来，这样有利于工厂管理，又便于搞好工厂的保卫工作；建议在厂区外面修一条道路，便于农民赶场，以利搞好工农关系。南川县委书记吴耀臻、县长石德奎等了解到宁江厂的困难后现场确定由县手工业管理局负责安排好宁江厂所需砖、瓦、砂、石、白灰的供应，运输问题由四川省汽车运输第二十八队包下来，各类物资装卸问题由水江搬运队负责，商业网点的建立由县商业局考虑及早定下来，副食品供应等暂时通过扩大水江镇上的供应点解决，明确表示："宁江建设是现场党委的任务，也是南川县的任务，工厂需要解决什么问题，我们一定大力支持协助解决。"1966年2月10日，宁江厂现场召开第一战役誓师大会，南川县委宣传部长武春荣到会表示祝贺并在大会上讲话，要求参加建厂的民工努力工作，为三线建设多作贡献。又如1971年，南川县革委副主任向光弟率县支重办公室、县民政局在天兴厂调研期间，当即确定将三汇公社原桃花山农场划转给东方红机械厂办五七农场。

以南川县计委为主，从商业、粮食、供销、外贸、二轻等部门抽调8名干部组成的县支重办负责协助解决建设中的占地、搬迁、民工、后勤等具体工作。"支重办"主任由县计委主任唐炳荣兼任，唐炳荣是从实践中锻炼成长起来的干部，工作责任心强，工作作风务实。其他工作人员有县供销社日杂公司杨冬林、祝德芳，县粮食局郑玉良，县二轻局陈访球、吴朝元、任贵禄，以及县外贸局陈铃辉等[①]。据有关档案资料，南川县承担了"支重"任务的下级单位有南平镇、水江镇等2个镇，东胜、西胜、南极、先锋、三汇、半河、南平、永安、神童、石莲、大观、兴隆、土溪、水江、中心、铁村、鸣玉、沿塘等18个公社，东方红农场，以及生产委员会（后名"抓革命促生产委员会"）、商业局、粮食局、手工业管理局（俗称"手管局"）、供销社等部门。

各级支重机关办事效率较高，甚至特事特办、先办后批，有效保证了工程建设在那个特殊的年代得以顺利推进。另外还有专项协调机构，如天兴厂为迁移厂区内的13户社员房屋，于1966年专门成立由县支重办、公社、大队、生产队及厂家工科、保卫科负责人组成的搬迁领导小组，在无有关文件依据的情况下经领导小组共同研究商定搬迁事宜，而有关事项直到1975年才按程序逐级上报，于1976年获四川省革委会批准同意。

---

① 尹顺常：《"三线"建设在南川》，载《南川文史资料选辑》第14辑。

三、厂社结合

"厂社结合"是第一批三线建设厂总结出来的建厂经验，目的是通过厂矿与地方的相互支援，搞好关系，确保建厂的顺利推进，同时也达到促进带动西部工农业发展的目标。五机部就曾明确规定："要坚决贯彻工农结合、厂社结合、亦工亦农、半工半读的方针。"涪陵专区和南川县分别成立一对一的地县工作联络组，安排县、镇、公社三级分别采取派出代表驻厂，协调解决工厂与地方关系，以及土地征用、基建材料、地方物资供应与运输、民工招用、施工队伍调用、现场生活物资供应等。宁江厂在基本时期派了一名干部到水江区任领导，水江区也派一名干部到厂里做领导，以利于相互沟通、协调关系[①]。有的南川干部还身兼多个单位的领导，如南川县粮食局的郑玉良就担任了多个厂的驻厂代表。他说：

> 我从县粮食局抽调县支重办公室，先后被派到宁江厂、红泉厂建设工作，积极协助厂方解决建设中的占地、搬迁、民工、后勤等工作，尤其是协助厂方做好粮食、蔬菜、肉食、禽蛋等物资供应等后勤工作。

公社驻厂代表制度一直持续到1968年各厂矿实行军管，才最后撤出。如，红山厂与永安公社结合，由永安公社派代表向国禄驻厂，全权处理厂社结合事宜，1968年原驻东风机械厂的代表张玉全因东风机械厂撤销而转驻红山厂，永安公社实派红山厂的代表也就成了2名，均由红山厂发工资。这种以驻厂代表制度为核心的"厂社结合"模式，在企业基建期间为推动企业尽快融入当地、加快厂社融合发展等起到了明显的效果。

---

① 《南川市文史资料》第14期，第53页。

第三节　好田好土给三线

根据国家规定，三线企业的征地有严格要求和程序规定。各驻南"三线"单位根据建设需要向南川县人民政府提出用地计划，经审查后由县政府转报涪陵地区行政公署，再由涪陵地区行政公署核报四川省人民政府批准使用。也有个别地块是临时决定的，如1967年6月，涪陵专区张九思、南川县尹顺常、南川县驻天兴厂代表郑玉良、三汇公社传庭怀、工农大队夏清会与天兴厂领导一起现场决定征用工农八队的水田2.3亩、旱地1亩，用于增建几栋宿舍。

一、土地征收

征地的基本原则是尽量不占良田好土、尽量不拆民房和搬迁社员。实际操作中，只要三线企业需要就全方位满足，所给的多数是好田好土。当然，占用耕地之后，建设单位要按照"征用一亩土地、归还二亩"（简称"征一开二"）的原则，就近开垦荒地归还社队耕种，或以改田改土、兴修水利提高单位面积产量等方式弥补占地后的损失。另外，工厂已征收的土地但暂时不用的，也可以灵活处理。如红山厂同永安公社于1974年签订一份协议，其中指出：工厂已征收的土地可以暂时交给公社耕种，但工厂可随时收回且不支付任何损失；该土地也只限于生产队集体耕种，不能分给社员作自留地、分给农村插队的职工家属耕种、垒房子等。在报送征用土地的报告时，通常需随附"支农计划"，明确改造河道、开垦荒地等支农还地措施。

据不完全统计，7家驻南三线单位共计征用土地约4500亩，其中宁江厂约1000亩、红泉厂约600亩、庆岩厂约1000亩、天兴厂约1000亩、红山厂约500亩、第十一所约300亩、九一一库约50亩，涉及4个区、7个乡镇、12个生产大队、30个生产队。这些土地的征用均不是一次性完成。如红山厂于1967年征用土地83亩，1967年再征地142.78亩，1968年将撤销的东风厂原征地73.633亩移交红山厂，1972年征地53.855亩，1974年0.5亩，1975年0.71亩，1976年2.248亩，1977年9.18亩，1979年2.21亩，至1985年底已征地333.99亩。由于有各级党委政府的大力支持，各单位建设用地的审批都很顺利，较为麻烦的是具体的拆迁。

二、征地补偿

征地面积计算方面，以红山厂为例。红山厂于1966年11月启动征地和租地，截至1967年10月，共征用土地83亩、租用6.54亩，其中良田约3.5亩。根据规定，各单位用地范围内的农民全部不搬迁，不损坏树木，并按照国家有关规定一次性办理征地补偿。红山厂征用的所谓83亩地，应该是实际丈量的面积（所谓"丈量亩"，亦即"市亩"）。由于土地丈量、面积核实、产量换算等均有困难，实际评级和换算的面积用的是"习惯亩"，即根据老农和生产队干部回忆土改时的产量，田以产量2.8石折合1亩、土按4斗折合1亩，也是当时南川县粮食征购的"计算亩"。经核算，红山厂此次征用土地共有田52.46"习惯亩"、土29.5"习惯亩"，非耕地不计，另有约3市亩暂时未征。由于"习惯亩"与"丈量亩"二者本身的算法出入、计划征用面积仅仅是图纸面积、部分想象中的非耕地后来被认定为一季土等，"习惯亩"与"丈量亩"有约3市亩的差距，如50亩土地换算为"习惯亩"实为35亩。

补偿方面。红山厂于1966年11月11日在永安公社的组织下，与有关大队、生产队及贫下中农代表座谈，达成了初步的补偿标准：土地按常产、"习惯亩"计算补偿3年。1967年7月8日，南川县民政科科长，永安公社党委书记，红山厂基建科长，现场党委书记、副指挥长，建设银行驻厂代表，厂社结合代表，大队支部书记、生产队长、贫协组长以及县支重办、公社等负责人一起召开征用土地补偿工作会，决定成立有12人参加的"红山铸造厂征用土地补偿工作领导小组"，按照"国家建设征用土地办法"等，分阶段核算历年统计资料、访问座谈、实地查勘，组织老农、贫协代表等民主评定田土等级并经社员大会讨论通过，结合既定原则和群众意见决定落实补偿金额，然后召开全体社员大会宣布党的政策、征地范围、征求补偿意见。然后把土分为一季土、二季土、二季套种土，田分为水田、干田，干田又分上、中、下三个等级。征用的土地按照每亩的常产量计算，即一年赔两季（小麦、水稻），赔偿3年的产量。具体产量参照1964—1966年三年产量结合历年产量协调评定，以永安粮站1967年收购价折合金额，实际补偿金额为15451.19元。

青苗费方面。因社员对自留地仅有使用权而无所有权，只补偿当季青苗费，由生产队另行调剂零星土地作自留地。工厂原则上尽量等待作物收获后再行施工，因建设期限等原因必须损坏部分青苗的，根据当季青苗损坏或移植所损失的劳动工日给予补助。

其他方面。红山厂征用土地范围内有集体树木596株，其中茶树587株、果树9株，经协商按每株1元进行补偿。三处晒谷坝共335平方米，按每平方米1.34元补偿。茶场补偿1500元，由生产队在1967年底前择地另建。集体猪圈经社员议定补助115个工日（按1967年每个工日0.8元的标准计算）、石灰1000斤，共计补偿97元。坟墓按照直系亲属三代范围内，棺木完整的每座补偿5~7元、无棺木的每座3~5元限期迁走。

三、房屋拆迁

房屋拆迁方面相对较为复杂，一是不能强行搬迁，二是要尽量不打断村民们的正常生活。红山厂的情况相对复杂。根据1966年厂社协议，红山厂区内的社员全部不搬迁，福利区一处居民点搬迁的6户社员中，3户"地主""富农"被迁出，3户贫下中农就近调整2户、房屋失火后搬迁1户。也就是说，一共搬迁12户住房。

搬迁房屋是一个随时调整变化的过程。随着工厂建设的推进，红山厂又搬迁5户到其他生产队，最终实际搬迁了18户。另外，还搬迁了甘罗三队的茶场、骑龙七队的集体猪圈，占用晒谷坝3处。又如天兴厂在初期只搬迁了厂区内的13户社员，不过其后又分别在1969年、1975年组织搬迁农民住房两批，合计搬迁涉及生产队2个、社员39户。

房屋搬迁按照"先安后搬"的原则，由当地大队、生产队负责安置，搬迁中的误工按照困难补助原则每人补助2至3元。具体拆建费用的情况，可从1969年南字816部队七〇一二工程指挥部同南川县沿塘公社、沿塘公社永忠三队的签订的关于钟某某、李某某的两份搬迁及修建住房协议中管窥端倪。关于李某某家房屋，由南字816部队按照原拆原建、面积不变的原则定额分期拨款给永忠三队择地新建。因为李某某的房屋与其他不需要搬迁的房屋相接，其原住房可以不予拆除，南字816部队按圆木每米0.9元、板材每立方米95元进行补偿，由永忠三队代购、加工、安装。关于钟某某的房屋搬迁，协议参照李某某住房的单位造价及钟某某房屋面积综合计算拆建费（13.95元/平方米×47平方米=655.65元），加上安坪到青峰的家具搬迁费20元，由南字816部队支付费用共计675.65元。

四、群众支持

从县、公社到生产大队、生产队乃至社员群众，南川干部群众其实都把支持三线建设当作一项政治任务乃至政治荣誉。只要建设单位看得上，各地都会把最好的地块、最好的设施无条件交付给三线单位。据原丁家咀汇江村四社社长侯应书回忆：

> 记得1969年挞谷的时候，东方红厂的厂长曲正武、书记盛金福，三汇公社的领导以及天星大队支部书记谈怀德、大队长夏继清，厂有关科室人员前来我队召开搬迁动员大会。夏继清在会上说："天星二队是厂建设的中心地段，全部农户要搬走，搬到三汇公社的平坝地方汇江大队。"起初，大家从内心来讲是不情愿搬走的，祖祖辈辈土生土长的这片土地已经习惯了。但是，经过开大会、小会，特别是领导们的耐心解释、谈心，消除了一些顾虑和担忧。当时对搬走的人提供了几条优惠条件：一是搬出去后，进蔬菜队；二是住的地方自己选；三是建房不办手续，厂房给予建房补助等。
>
> 我们这个生产队一共有14户人家，其中有一户"地主"家庭，叫夏××，他是不准讲任何条件的，并提前一年（1968年）搬到马林大队山坡上。其余13户陆续搬迁到三汇的汇江大队，主要分布在会江大队一、二、三、四队。原来的田土103亩全

部被厂方征用，供厂方建设办公大楼。同时，补助了天星大队1万多元，要搬迁时，先在自己所搬往的生产队自己找人建房，建房不办理任何手续，免收任何费用。厂房通过原住房面积的丈量，给搬迁户每平方米补助25元，我家父亲那辈共两兄弟一共得到补助6600元，一家分一半分别建造新居。由于我家姊妹多，九口人，建造了6所石木结构式的房屋，补助的钱不够，我家里还倒贴了一点。有的搬迁户按原有的面积建房，没有倒补钱，反而约有剩余。我家的房屋建造用了三四个月的时间，建好后从天星二队搬迁到汇江四队。1970年夏天我就去修襄渝铁路。这期间，我家每人分得1分的自留地，生产队也作为蔬菜队专门种菜交给厂蔬菜店，每人每月定量定点供应大米25斤，生活才得以安定下来。①

原岭坝公社甘罗大队党支部书记向国寿也回忆了红山厂建设前的征地搬迁情形：

1966年上半年，国营红山铸造厂搬到我的家乡甘罗大队向家沟生产队，来了之后，向家沟放干田30多亩，给红山厂征用，厂的建设很快进入基础设施阶段。征用的干田按照每亩的常产量计算，即1年赔2季（麦子、谷子）的常产量，共赔了3年的产量。我当时是生产队的会计，对赔偿过程非常清楚。在赔偿结算完清之后，向家沟生产队就正式确定为蔬菜队，吃国家供应粮每人每月27斤大米，由国家解决。我队有一个特殊性，那就是没有被征用的田土，能产多少粮食，就分摊给社员多少，不足部分（不足每人每月27斤大米），再由国家补助。在红山厂"三通一平"基建过程中，一并解决了我生产队的走路、吃水、用电问题，从安装到使用一律免费。

红山厂在征用我生产队的田土过程中，是逐步征用的，最终占了生产队170多亩田土。当时征用土地按实际丈量方法，

---

① 候应书：《为建设天星厂，我们举家搬迁的回忆》，载《南川县政协文史资料》第14辑。

而赔偿按"习惯亩"产量计算，吃了亏但不怨，因为是支持了国防建设。①

在那个特殊年代，为了赶时间、抢进度，南川干部群众和施工方、厂方在一些相对复杂的问题上互谅互让、搁置争议乃至模糊处理，体现了强烈的政治意识、大局意识和牺牲精神。

第四节 万众一心建三线

三线建设期间，南川广大干部群众以各种各样的方式投身三线建设，不计代价，不怕牺牲，流血流汗，这些是南川地方版的"好人好马上三线"。从某种角度看，三线建设是基层地方老百姓用扁担一挑一挑担出来的，基层群众也是三线建设的主体之一。

一、专业队伍

南川有一批专业的建筑队伍。自古以来，南川各地传承分布着许多本土泥、石、木、竹、灰匠，他们的精湛技艺为南川留下了大量古民居、古桥梁、古墓、寨堡、碉楼等极具川南特色的建筑。1950年，南川县筹建石、泥、木、竹业工会，并于1953年成立南川建筑社，后改组成南川县建筑公司，设置有设计室，自1965年起派出施工队赴宁江厂、庆岩厂、涪陵海陵厂、武隆四〇六厂等施工，1972年起又承担了重庆冶炼厂、庆江、平山等厂的施工任务。其下属的机械制造厂主要生产金属井字架、双轮手推车、混凝土搅拌机、平板刨床等，下属预制厂是全县第一家"预应力多孔板"生产商。另外，1959年成立的南川县城关修缮队，先后承担了天兴厂、宁江厂、庆岩厂和县内其他工业及民用建筑施工。1964年

---

① 向国寿：《我对三线企业红山厂的回忆》。载《南川县政协文史资料》第14辑。

成立的南川县东方红建筑公司也承担了大量三线建设施工任务。20世纪60年代至70年代，南极、西胜、北固、南平、水江、先锋等公社也先后成立基建队，承建房屋和桥梁等。

除了建筑施工队伍，还有专业的装卸搬运组织。南川三线建设期间，南川县运输搬运合作社拥有汽车、板车等各种运输工具，先后承接了宁江、红泉、庆岩、天兴、七〇一二、红山以及南桐矿区的晋林等厂的装卸工作，通过签订包干合同，分站、组驻厂负责有关业务。装卸的物资以毛石、青砖、河沙、水泥、钢材、木材、预制件、大型机械设备为主，其汽车运输周转量从1964年的20.59万吨飙升至1967年70.33万吨，人力搬运量从1964年的11.06万吨飙升至1967年24.1万吨。为装卸大型机械，搬运社还专门购置了起重量3吨和5吨的手拉葫芦，间接推动南川搬运步入了"半机械化"时代[①]。同时，周边涪陵和南桐矿区等也派出施工、搬运队伍跨区域支援南川三线建设。如，因为1967年南川搬运装卸力量不足，南川县交通局同意南桐矿区搬运社来到庆岩现场从事装卸搬运业务，至1973年6月才逐步撤回。

二、支重民工

三线建设用工的主要形式为临时用工，也就是"支重民工"。因为处于"文化大革命"时期，民工的调配要求很严格。1966年10月，南川县调用600名临时工支援天兴厂和红泉厂，在"通知"中明确要求大观区调派的400人中必须有石工100名，城一区和东方红农场调派的100人必须是"能够搞干打垒的农村五匠"。同时还要求调派的临时工必须"政治历史清楚，忠实可靠，劳动积极，年满16周岁以上，身体健康、无严重慢性病和传染病者，男女兼收，有四种人不得调用，即：（1）地、富、反、坏、右分子或虽摘掉帽子但表现不好的；（2）反革命、特嫌分子及与国外有联系或与外国使馆有联系的；（3）思想极端反动和有现行破坏活动的份子；（4）本人参加了外国国籍或其父母亲就是外国籍配偶的"。

据不完全统计，南川县先后组县建筑社，南平、水江、文凤、沿塘、

---

① 《南川县装卸运输公司志》，1984年12月，第26页、28页。

东方红等地建筑队和农村劳动力2800多人支援驻南三线建设，仅用五六年时间就新建房屋面积73万平方米，修通厂区道路15千米。以宁江厂为例，宁江厂先后有涪陵专区建筑公司一队、南川建筑社、南川城关修缮队、南平修缮队、乌江航运社等5个单位施工队伍843人，以及水江公社20多个生产队和由水江镇、南平镇居民1015人组成的民工队伍参加建厂施工，配合建工部二局的五公司一处、安装公司、吊装公司等3个正规施工队开展各项施工。五公司一处带领南川建筑社、南川城关修缮队等的"五匠"负责修建大件、小件、压铸、装配、防腐等车间及检验室、水源地等工程，涪陵专区建筑公司负责机修、冲压两个车间的改建，生活福利区由7个地方民工"五匠"负责。

抽调民工（临时工）支援三线建设是一个动态过程。如，1966年9月抽调10名合同工赴天兴厂；1966年10月从大观调400人、三汇调100人赴天兴厂，从城一区调70名、东方红农场调30名农村"五匠"赴红泉厂，从南平、鸣玉片区分别调250人（组成2个连队）和150人（组成1个连队）赴九一一仓库；1966年10月，调南平区民工100名（其中2名炊事员）、大观区100名赴红山厂；1975年调临时工400名（含带队负责人1至2人、会计1人）参与红山厂抗洪抢修工程。临时工的工期一般为3至5个月，但可以延期借用。如1970年6月，南平片区同意28名临时工自1970年7月1日起延期工作至1970年12月30日。

特殊时候，当地党委政府也会集中调派普通社员，以"搞副业"甚至"义务劳动"的方式支持三线建设。如红泉厂，前期需要加宽、加高公路，还要修桥。经厂方现场党委与地方联系，东胜公社派出1名副社长带队、半河公社派出1名大队长带队，2个公社930名社员参加开山、修路、架桥工程，前后8个月时间修通道路3千米，建成公路大桥2座、人行便桥1座。又如，1967年12月永安公社组织骑龙、甘罗大队部分社员帮助红山厂修建福利区道路；1968年6月三汇公社调55人帮助修复天兴厂水毁堡坎、桥梁、路基等，以搞副业形式抽调人员协助天兴厂拉北固至严家坝的高压线。又如，1966年石莲公社曾组织人力物力修建九一一库库区公路近3千米，其中大部分属义务投劳。

三、民工管理

民工（临时工）的组织管理方面，以团、营、连、排、班进行军事化管理，也就是所谓的"民工团""民工连"。每个民工连队约120人，下设3个排，每排3个班，连、排、班配备正副连长、正副排长、正副班长各1人，另配备连指导员、会计、保管各1人，以及一定数量的伙食团的管理、炊事人员。领导骨干由贫下中农出身、政治觉悟高，有一定领导、组织能力的担任。

如参与红山厂前期施工的800名民工被编为2个营、6个连，1967年春耕时期压缩整编为3个连，另外还成立了3个临时党支部和团支部。红泉厂的1700名民工被编为9个连队，由干部战士担任民工连队的领导。宁江厂工地以所在区社为单位把民工编成14个连队，由现场指挥部配备大队干部和连队指导员，成立临时党支部和团支部，严格组织生活。宁江厂工地还在职工和民工中深入开展"五好"竞赛活动，先后选出"五好连队"5个、"五好班组"13个、"五好职工"和"五好民工"151人。

1965年下半年起，南平、先锋、城一等地先后建设三线企业。当时的城关镇（现在的隆化镇）对三线建设在劳力和基建材料支援很大，如水江区的宁江厂，在1965年下半年，隆化镇就组织闲散劳力组成的民工队伍进入宁江基地，大约150多人，设有连长、指导员、技术管理员等，并下设班、排组织，具体工作是搞"三通一平"。当时各区也有民工连，如南平、大观、大有、鸣玉、小河搞"三通一平"。这些民工队伍相继进场，一般是2年就退场。只有城关镇建筑公司在宁江工地建职工宿舍，大约10年的时间（1966—1976年）才退场。南川建筑公司在宁江工地时间更长，大约15年才退场。1972年，城关镇140多人的民工连进入庆岩厂，建预制场，给该厂搞预制小件和各家属区的水泥路等，于1979年退场，还有60余人的民工在较场坝给二〇四工程兵搞预制件，工程兵撤走后该场移交给城关镇。①

---

① 滕永祥：《城关镇对三线建设有关劳力和基建材料的支援情况》，载《南川县政协文史资料》第14辑。

东方红农场农民陈慎思,曾先后参加突击连在宁江厂、红泉厂、天星厂、庆岩厂,配合建字204、建字205部队搞基础设施建设,从普通民工干到排长,再到建筑质量指导技术员。在配合五机部五处技术员修建天兴厂职工医院时,从经纬水平测定到施工放线、监管施工质量等都一丝不苟,严把质量关,受到厂方和建筑方的充分肯定和赞扬。陈慎思回忆说:

> 为支援三线建设,农场成立了东方红农场国防建筑突击连,连长沈群卫,指导员雷万明,全连近100人。父亲陈怀山是南川地下党的一名老地下党员,曾经为南川的解放事业作出过一定贡献。父亲要求我们子女不论做什么工作,都要"好好做人,踏实做事"。父亲的言传身教,始终鞭策自己尽力为三线建设做好每一件实事。[①]

四、待遇保障

民工(临时工)支重能够获得工钱补贴,但不能全部收为己有。他们需要上交一部分工钱给集体,由生产队统一分配。如1966年9月三汇公社同东方红厂(天兴厂)签订用工合同,三汇公社从石果、马林、汇江、杨兴和农场调10名合同工给东方红厂,工人每人每天1元钱,每月除9元伙食费外,其余的70%由用工单位统一扣交给生产队。工人上交工钱后,他们就要按生产队实作工分的平均数真记工分,参加生产队的分配,因此也没吃亏。

以1968年1月九一一库与永安公社及3名工人代表签订的临时工劳动协议书为例:一是工资标准按照涪陵专区规定,每月按27元、29元、31元三个等级执行,特重体力劳动不超过33元。为扣除病事假方便,按国家规定每月以25.5天计算。二是工人在工作期间一般不准事假,不能无故旷工,事假、旷工都没有工资。三是临时工不实行粮价补贴,"因工资内已包括粮价补贴"。四是从农村公社招收的社员扣除12元伙食费外,实行三七开、交队工资汇生产队。五是工人因工负伤,治疗期间的医药费、外

[①] 2020年12月,原东方红农场北较村6社民工陈慎思口述。

地就医路费、住院费由厂方负责，住院的伙食费自理，停工期间的工资照发。六是工人在工作期间按规定发给劳动保护用品，离开时如数归还，不能作为私人物品带走。

红山厂于1976年同南平镇签订的一份劳动协议书，有更详尽、更具体的规定：一是临时基建民工（临时工）应年满18周岁以上。二是民工（临时工）从报到之日起计发工资，普壮工仍按前述27元、29元、31元三个等级评定，技工（五匠）按照24.49元、29.07元、33.71元、39.02元、45.39元、53.04元六个等级评定。三是进厂前两个月按27元预支工资，第三个月内评定后多退少补。四是城镇技工原有工资级别的，按原工资标准执行。五是因雨班或待料等停产、停工的，发给75%标准工资。六是病假期间，发给本人工资的50%。七是使用单位每人每月代扣7元，统一寄回生产队（2元交生产队作公积金、公益金，5元"作为个人向生产队现金投资"以供返乡后分配基本口粮）。八是技工自带用具，由工厂按泥工每日0.02元、木工每日0.05元、石工每日0.05元的标准付给工具消磨费。九是临时基建民工（临时工）均不享受探亲待遇，第一次进厂和辞退所需路费由使用单位负责，平时回家所发生的往返路费均由本人自理。

支重民工的口粮供给是一个非常紧迫且敏感的问题。基建期间，有大量从酉阳等地来南川的民工，如果全部由南川县负责口粮供应会是极大的负担。因此，三线建设期间的支重民工都被要求自带口粮到工地，只是在实际操作中又发现存在民工欠粮的情况，工地口粮仍然不足。为此，涪陵专区粮食局生产办公室专门于1967年4月发文，要求各区县从小春开始，结合小春和大春分配工作，将支重民工应分配的全部基本口粮，由生产队承征购一次性卖给国家，口粮改由工矿所在县（南川县）全部供应，民工回家后所需口粮再由国家返销，支重民工的口粮来源问题才得到了根本解决。

五、宣传鼓劲

除社员、民工以外，南川的文艺工作者们也积极加入支重队伍。如宁江厂在1966年初打响第一个"歼灭战"之际，南川县农村文工团于2月到达宁江现场，经过20多天的体验生活，集体创作一组反映宁江现场建设面貌的文艺节目——《宁江战歌》，歌颂了宁江现场艰苦奋斗、勤俭建厂的革命精神，激发现场职工、民工克服困难忘我劳动。《宁江战歌》有歌、舞、剧等多种文艺形式，包括大合唱《宁江战歌》、女声《水江河边迎亲人》、四川盘子《领导带头找水源》、乐器合奏《工地的早晨》、民歌独唱《拣废砖》等，不仅为现场职工和民工演出，还于4月向赴宁江现场参观指导的五机部党委扩大会议代表作汇报演出。后来更应邀赴重庆地区五机部系统各厂演出，受到五机部副部长朱光的接见，至5月底才撤回。

第五节　八方物资供三线

三线建设工程开工后，就需要源源不断的生产物资保障。机器设备、大宗商品（包括加工预制水泥瓦所需的水泥、钢材）等属于国控、部管物资，主要由各厂向本系统领导单位申请调拨。地方材料及三类物资，首先由施工单位材料计划人员编制基建材料计划，然后向涪陵专区和南川县支重办报需要运输车辆计划，再向四川省运输公司、南川汽车运输28队报运输计划。计划上报后，从四川到重庆、涪陵、南川，南川各区、各公社反向落实物资供应方案。其他地方土产物资，由采购人员直接按计划在南川土产日杂公司采购。这既是南川人民光荣而艰巨的政治任务，也是发展地方工农经济、活跃本地市场的良好契机。如南川的地方汽车拥有量，就因此从1965年的78辆猛增到1970年156辆、1975年251辆。

一、煤炭供应

20世纪60年代的南川煤炭工业还不够发达，只有南平煤矿、水溪煤矿、东胜煤矿等3个煤矿、5口煤井，至1968年最多可产煤8万吨。其中东胜煤矿半溪井因通风设备供应不足可能随时停产，南平煤矿殷家坝井最多可开采3年。而在建的宁江厂、天兴厂、红泉厂、红山厂、庆岩厂、七〇一二工程等六个重点厂需工业及生活用煤约8.5万吨，全部投产后需求量将达10

万吨；烧制支重用的砖、瓦、石灰等需原煤 2 万吨；隆化、南平、水江三镇及农村生活用煤约 5 万吨，现有县属轻工业及食品、农机等工业需用煤 1 万吨；炼焦用煤 1 万吨。数项合计，南川在未来几年内原煤煤需求量达 19 万吨，缺口 10 多万吨。为此，南川于 1968 年经紧急研究决定申请在先锋地区的苏家湾建设新煤井，计划一期年产量约 10 万吨，二期达到 15 万吨。

红光煤矿（苏家湾煤矿）于 1969 年成立现场指挥部并启动施工，于 1970 年停办[①]，后于 1990 年代初才正式开井。但其他煤矿的改建、扩建和新建却以此为契机就此发力，南川县的原煤产量从 1965 年的 9.4 万吨跃升为 1970 年 20.3 万吨、1975 年 40.1 万吨、1985 年 122.8 万吨。南川的其他能源工业也顺势而起，焦炭产量从 1965 年的 0.09 万吨跃升为 1970 年 0.18 万吨、1975 年 0.94 万吨、1985 年 1.75 万吨，发电量从 1965 年的 122 万度跃升为 1970 年 389 万度、1975 年 768 万度、1985 年 6090 万度，在 20 年间摇身变成了涪陵地区的产煤大县乃至能源大县。

二、建筑材料

南川县支重办积极协调配合，为三线建设单位组织了大量物资，包括砖瓦、碎石、石灰、水泥等。为此，南川先后新建和改造砖瓦厂 500 多个，年产水泥土砖达 2000 万块以上、瓦 500 万匹，砖瓦厂占用耕地达 1600 亩。同时，还新建了水泥厂、石灰厂、耐火材料厂、碎石厂、黄沙厂等，大量向工地供应水泥、石灰、黄沙等建筑材料。如宁江厂，南川县就安排了近 100 个砖瓦场、3 个生产队、12 个石灰窑，专门提供建筑材料。物资价格计算方面，综合市场价和邻县的相关价格，做到"既有利于工业生产的发展，又能适当地照顾生产者利益"。如 1966 年的部分物资价格：石灰约 9~10 元/吨、稻草 2 元/百斤、竹子 2.5 元/百斤、杂木 1.2 元/百斤、石渣 14 元/方、碎石 6~10 元/方、片石 2~4 元/方、河卵石 1 元/方、条石 10~20 元/方。根据建筑材料的不同，还明确了相应的人力运费和板架车运费。

由于三线建设初期的厂房和职工宿舍建设都推广干打垒、糊豆渣，

---

① 《南川计划志》，1986 年 12 月，第 154 页。

片石和碎石子就成为当时需求量最大的建筑材料,任务大、时间急、费工多。如,南川县支重办于1967年6月专门下发通知,要求各地"利用当前的农闲时间在不影响农业生产的前提下,充分发动群众,开展群众性采石运动",做到"五个落实"(任务落实到生产队、完成时间要落实、采石地点要落实、片石堆放地点和运输要落实、领导人员和打石人数要落实),认真选择石头、与厂方代表共同选择石厂、统一制定规格,迅速组织片石生产,力争在9月底前完成片石21万方的任务。具体任务是:半河公社1.5万方、东胜公社2.5万方、水江公社1万方供应红泉厂,兴隆公社2.2万方、三汇公社2.1万方、先锋公社1.1万方供应东方红(天兴)厂,东方红农场3.3万方、西胜公社2万方供应庆岩厂,南平公社0.8万方、南平镇0.2万方、神童0.3万方、永安公社0.2万方供应红山厂,南平公社1.8万方、永安公社0.8万方供应东风厂,石莲公社1万方供应九一一仓库。另外,水江镇组织社员近千人,开山取毛石4万多立方米供应宁江厂。

碎石子的生产面临石厂很少、缺乏现代机械等问题,各地就组织广大群众手工捶碎石。城乡群众集体捶碎石,成为南川人民支援三线建设的一道亮丽的风景线。如水江镇动员全镇居民不分男女老少齐动手,先后为宁江厂捶碎石1万余立方米。南川县城附近的学生曾先后两次步行30多千米到宁江厂支援,共捶碎石3000多立方米。据原南川中学教师赵友铨回忆:

> 1964年至1965年期间,我在先锋华耳寺南川农业中学任教,担任65初班主任。1964年国营宁江机械厂搞基建,需要大量碎石。为支援三线建设,南川县政府及文教科在该校先后组织2个年级6个班300多人,背着背包、洗漱用具到宁江厂附近集体捶碎石。我带领的第一批是65初的3个班150多人。第二批是傅开实老师带的66初的3个班,也是150多人。每一批干20天。去的老师和同学都分别住在宁江厂附近的农民家庭,睡的地铺,吃的大锅饭。老师和同学围成一堆堆、排成一排排捶石子,主要捶瓜米石和小石子,有的还用三脚架拴上橡皮筋,捶起石子来省力不费劲。每天下午5点收方、量方。40天下来,两批共捶了3000多

方碎石。厂方还给一定报酬给学校,因为该校是半工半读学校,但是学生不知道。宣传鼓动的口号是"支援三线建设",不少师生都你追我赶,争当先进。

南川县城关镇组织居民开山取石,整个县城的大街小巷掀起了一片捶石子热潮:

> 关于基建材料的支援,城关镇组织大量的闲散居民和花果大队劳动力,在后坝开石厂,为三线建设承担碎石的任务,当时接受县支重办公室下达碎石任务后,向各居委发动群众组织力量下达碎石任务。那时,一部分街道居民思想上有畏难情绪,屋子小、灰尘大、石子难捶等,只有各居委少部分人接受了碎石的任务,后来看见收入还可观,各居委街道居民男女老少动起手来捶石子,石厂的开发增加了开采和运输队伍,增加平车拉石进城,全城大街小巷捶石子。读书的学生放学回家也捶石子,不分白天晚上也在捶石子。石子主要是供给红泉厂和东方红厂,几年下来给三线企业提供了大量的基建材料,石厂开采后,把后坝(现花果村)那个小山头都削平了。①

在那个时期,捶碎石成为增加普通家庭收入的重要途径,很多群众以家庭为单位组织捶碎石,积累了经验,也拓展了市场。如一些其他学校、工厂搞建设时,也会发动周边群众捶碎石,捶碎石一度成了各家各户的家庭副业。

> 我家住在当时的东方红农场6队,我刚12岁、小学毕业,农场是蔬菜队不准上班,要到16岁才能上班,于是,我就在家帮助父母学打碎石。父母到乡下找来了3根2米长的木棒绑成三角架,用橡皮筋做绳子把铁锤吊起,利用橡皮筋的收缩弹力,捶碎石省力不费劲。当时大点的碎石8元1方,小的碎石1立方8

---

① 滕永祥:《城关镇对三线建设有关劳力和基建材料的支援情况》,载《南川县政协文史资料》第14期。

至15元不等。几个月下来，我们家捶了120多方碎石，不但支援了三线建设，还收入了近1500元。①

三、劳动工具

除了建设物资，还有劳动工具的供应，包括箢箕、箩筐、抬杠、扁担、棕绳、竹绳，乃至小杂木、松香、松节油、夏布、水桶等，需求量非常大。这些工具物资原则上要由地方政府提供。如1965年11月，南川县供销社就曾向涪陵专区合作办事处报告，要求提前增拨1966年第一季度供宁江厂的支重物资，包括箢箕1200挑、箩筐3000挑、麻制抬绳2吨（苎麻50担）、棕绳5吨（棕片130担）、大麻4担、篾制保险绳2担、松香3担、松节油3担、白腊60斤、夏布（宽）20匹、黄竹席2.1万床、铁制水桶300挑、锑制提水桶600个。仅截至1967年5月，南川县向重点单位供应用于民工搭床和建筑队伍做脚手架的横担木，就达601吨。

具体到各公社，承担的物资五花八门，数量也非常多。如1967年先锋地区的先锋公社和三汇公社需要提供的就有案板、竹矿箢、草袋、草鞋、稠席、大箩筐、斗笠、稀眼背、炭筛，乃至挞斗、粪桶等15种。1971年度大有区安排大有、元村、合溪、马嘴、庆元等5个公社提供了铧口、打桶、粪瓢、粪桶、犁辕、犁扒、箩筐、棕衣、灰桶、抬杠、镐把、文件柜、办公桌、方凳、单人床、脚盆、柜子、大甑子、猪食桶、草纸等约53种"支援三线建设上调的物资"，其中向庆岩厂提供扛把1500根，向七〇一二工程提供扁担5000根，另外还承担了2万斤禽蛋等派购计划（含收购和上调）。

另外，南川还承担了部分物资的外调任务，如1966年12月涪陵专区土产公司就给南川下达了70担支重用棕片的任务，1971年涪陵专区向南川下达了6000挑箩筐（调涪陵）以及专供庆岩厂、天兴厂、七〇一二工程等6700根锄把、1.11万根扁担、4850根抬杠、9.15万根工具把的任务。

---

① 2020年10月，吴友德口述。

第三章
三线基建的启动与陆续完工

南川三线建设重点工程[①]的基建部分可分为两个阶段:"三通一平"和全面基建。"三通一平"动工最早的是宁江厂(1965年10月初),最晚是七〇一二工程(1968年8月);全面基建施工最早启动也是宁江厂(1966年2月10日),最晚的仍为七〇一二工程(1970年10月)。基建的集中完工时间从1967年1月(宁江厂)绵延至1976年(七〇一二工程),其中1966年至1971年是南川三线建设基建完工的高潮五年。相对特殊的是二十二库,启动于1976年8月,停工于1987年,把南川三线建设基建部分的总体时间后推了10余年。也就是说,南川三线建设的重点基建工程时间为1965年至1976年间,持续时间为12年;如果算上其他附属性小工程,基建工程的时间则为1965年至1987年,前后长达23年。

南川三线建设的基建部分,其战线之长、工地之大、人员之众、用材之多、耗时之长、困难之重,在南川建筑史上是"前无古人、后无来者"的奇观。三线建设者们披荆斩棘、披星戴月,逢山开路、遇水搭桥,肩挑背扛、打夯拉纤,车马奔腾、人声鼎沸,在绝壁险要的地方修起一条条公路、一座座桥梁,在人迹罕至的地方建起现代化的工厂和科研院所,一个个充满生机的小城镇在南川山乡拔地而起。

---

① 因二〇一工程、九一一仓库、二十二库为小型配套工程,且施工相对独立,本章有关内容一般不涉及此三个工程,在分析工程建设时间等方面一般不纳入计算。

第一节　厂房厂址规划设计

三线企业规划设计的启动与巡山选址同步推进，因为厂址的选定必须有设计师的参与，这样才能方便以后的设计施工。据有关资料，五机部所属的宁江厂、天兴厂、红泉厂、庆岩厂、红山厂都由五机部第五设计院（以下简称"第五设计院"）负责设计。如红山厂在1966年8月确定在南川建厂后，七九一厂基建技术员会同勘测队前往南川勘测地形，第五设计院已在该地同步开展设计。

进入南川现场后，各单位根据"三不四要"（尽量不占良田好土、尽量不拆民房和搬迁社员、不搞高标准民用建筑，要支援农业用水、用电、用肥和养猪用潲水）、"方便生产、方便生活、因地制宜、因厂制宜""先生产、后生活"等原则，结合生产任务、生产规模、干部技术人员及职工人数、职工家属情况等，因地制宜、因厂制宜地部署生产设施、生活福利设施、文化教育设施、文体活动设施、医疗卫生设施等，有序推进初步设计和总平面布置。除厂区建设必须满足生产需要外，生活福利区尽量分散、靠山、上山，尽量利用荒山瘠土、见缝插针，"寸土必争，棵苗必保，占山不占地，占地不占田，占孬不占好"。厂区工房的布置基本上按照设计单位图纸不作变动，福利区的规划范围一般由四川省建委、重庆市建委、南川县民政科、当地公社及厂方人员共同讨论决定。各单位各种设施的安排总体相似，也有自己的实际和特点。

宁江厂厂址于1965年2月选在水江镇下马不久的水江钢厂和铝氧厂。第五设计院工程师、宁江项目总设计师刘丰等即到现场实地勘察，并于4月12日成立初步扩大设计领导小组。厂址选择定后，由重庆钢铁公司地质队负责勘测，同时组成由第五设计院设计人员、工厂技术人员、工厂管理干部参加的"三结合"设计班子。他们先后考察了七二四、五二四、八四四厂同类产品的生产布局和工艺过程，在吸取自己的建设经验基础上开展厂区设计。在设计中，根据中央当时的三线建设指导方针和钢厂、铝氧厂旧址情况，尽量利用旧有建筑，采用简易库房和以石代砖等措施，力求降低造价、缩短工期。相比之下，宁江厂各设施相对集中。整个厂区分为工业生产区、库区、靶场、生活区等。其中工业生产区又分为主厂区、火工区、工具区（含锻工），生活区有一宅区、二宅区、三宅区、单向宿舍、工具科单向宿舍、招待所、食堂、中小学校、医院、锅炉房等，截至 1985 年共占地 71.55 万平方米。1974 年基建竣工验收后，又对一些缺项和设计中存在的问题进行了填平补齐和改造。在旧有建筑利用方面，原水江铝氧厂厂房经维修改建成工具车间，原水江钢厂办公楼改建成厂招待所，原水江钢厂招待所先作现场指挥部后改造为单身宿舍。

红山厂初选址在半河公社龙骨溪，由第五设计院第 27 现场设计队共 15 人负责设计，有关工作于 1966 年 6 月启动。他们先在四四七、七九一、四九七厂、洛阳拖拉机厂进行调查收集资料，又于 8 月到永安公社甘罗大队第三生产队向家沟、大坝沟开展工作，该地南靠金佛山，北邻川湘公路，距南川县城 24 千米。五机部于 9 月下达设计任务书后，又从四九七厂请来 5 名技工参加设计，于 10 月 22 日正式进入向家沟现场，23 日开始现场踏勘和调查，至 11 月 11 日完成初步设计及总平面图、厂区建筑工程施工图等。1968 年 12 月，又启动了大坝沟的勘探设计。该厂初期批准厂区建筑总面积 1.83 万平方米，其中生产面积 8988 平方米、福利区建筑面积 9360 平方米，截至 1985 年底实际占地 333.99 亩。生产区主要分布在大坝沟两岸；生活福利区有职工住房、职工食堂、浴室、招待所、托儿所等，主要安排在向家沟、南岭公路两岸。其中职工住房的建筑面积为 1.99 万平方米（截至 1970 年），分布在红山村、红卫村、东风村三个片区。

红泉厂于 1966 年 6 月启动选址、勘察、设计工作，厂址在半河公社龙骨溪大河坝沿河 5.8 千米的山上和沟内，距南川县城 16 千米。初步设计有 3 个厂区，包括第一机加、第二机加、第三机加、工具、机修、总装、表面处理、冲压、铸造等车间。1967 年 3 月又将厂区改到东胜公社的龙骨溪沟口，工厂工艺方案、单体厂房结构等基本不变。新设计的生产区被"瓜蔓式"地安排在龙骨溪沟两侧的山坡上；生活区布置在石门沟和龙骨溪沟两岸的平坝地带，包括家属住房、单向住房、职工食堂、学校、托儿所、招待所、俱乐部、职工医院等；疗养院、电影院、操场等文体活动设施则建在后来的三泉小镇中。全厂总征地243.625亩，建筑总面积10.46万平方米，其中生产性建筑面积4.32万平方米，非生产建筑面积6.14万平方米。

庆岩厂厂址位于先锋公社石峨大队，首期征用土地148.779亩，总建筑面积9.81万平方米。生产区、生活福利区都在土文坝北面，相对平坦向阳。厂区附近有个鹅公岩，山上是家属区，前面是车队。8个生产车间比较分散，家属区到车间，有的要40分钟，有的要1个小时。电影院在土文坝中间，工厂职工和附近的农民都比较方便。

天兴厂厂址位于三汇公社工农大队天星沟，生产建筑面积3.2万平方米，福利建筑面积3.98万平方米，首期占用土地243.93亩。生产车间位于天星沟的沟底和地址陡峭、地形复杂的猴家沟，有助于保密；办公大楼、家属区、医院、学校、电影院、游泳池等位于天星沟中部地势相对平坦的坝子，距离生产车间较远。其中，电影院、医院、百货商店、游泳池、洗澡堂等靠近家属区，方便职工日常生活。家属区距离办公大楼很近，方便管理。职工子弟校所在地，地势比较高，且平坦宽阔，避开沟底经常发生的洪水、滑坡、泥石流等自然灾害，有利于保障职工子弟的安全。

七〇一二工程位于沿塘公社和平大队安坪坝，至少分为4个区，总投资2311万元。据说由"四川省第五设计院"负责设计，于1968年启动，1969年底交付设计图。厂区规划有生产用房、办公用房、机加工车间、锻造车间、板金车间、材料库、五金库、冷作库、变电所，以及家属区、职工宿舍、职工食堂、医院、车队、电影院等，分布在凤嘴江安坪坝两岸。库房主要在凤嘴江西岸，厂房面积约1.29万平方米；部分生活设施包括家属区、工矿商店等在西岸的半山上，生活用房约1万平方米。

二十二库第三分库位于东胜公社东胜大队和华茸大队。据编者于2022年10月实地考察，库房位于铧耳山脚，有办公用房、停车场等设施；营房位于川湘公路东侧小山头上，与库区有一条约3千米的公路相接，分单位设计的相独立的营区。

九一一仓库南川境内的第二、第三库房位于石莲公社拱桥大队和桐梓大队的孝子河两岸，除了库房，还有职工宿舍等，征用南川县属土地21.68亩，实际占地约34.77亩。

第二节 按期完成"三通一平"

"三通一平"指正式建设前实施的通水、通电、通路、平整地基等基础性工程,其主体就是开山修路、破土挖基。它是基本建设工程的准备工作,做得好坏与否,对工程能不能按时开工、开工后能不能顺利进行施工影响极大。

为保障三线建设顺利开工和顺利推进,南川县做了大量前期的基础性准备。如配合重庆电业局从南桐矿区架设40千米长的高压输电线路进入南川,于1967年2月在北固杨氏岩建成投产110千伏中心变电站1座,协助重庆供电局在南川设綦南供电所。綦南供电所还在南川水江、铁村、文凤发展了3个营业所;还先后建成安坪220千伏变电站、水江35千伏变电站、严家坝35千伏变电站、红山35千伏变电站等,另外还从北固架设了110千伏的输电线路到武隆白马的四〇六厂。为三线建设提供供电保障的同时,也极大促进了南川电力设施建设。

> 当年国网綦南供电所除主供驻南各国防厂生产生活用电外,还负责供应各国防厂所在地水江、石墙、铁村、红山、岭坝、天星、文凤、北固、东胜、三泉等公社的农民生产生活用电。同时,还分别在安坪建了220千伏、北固110千伏、水江35千伏、先锋严家坝35千伏、红山35千伏的变电站,确保各国防厂生产生活用电和驻厂乡镇农民生产生活用电。有农民风趣地说:"我们是沾了国防厂的光,所以山乡民宅也亮起了电灯。"[①]

道路方面,据不完全统计,三线建设期间各单位和建设工程在南川新(改、扩)建公路10条共40多千米,新(改)建公路桥梁8座共300

---

① 2021年10月,原国家电网綦南供电局南川客户中心职工吴刚口述。

余米，不仅保障了他们自己的施工、生产，也推动了南川地方基础设施建设。1966年，南川修建了天兴厂支路，从南头公路7千米处至天兴共2千米；庆岩支路从川湘公路62.5千米处至庆岩共2千米，改建龙马桥为水泥桥并更名为工农兵桥。1967年，将南川经石墙至水江公路35千米起改线至川湘公路97.5千米处，水江至中心公社公路退出宁江厂区从外部绕行。1969年，将通往红山厂的南平至永安公路木渡河上的三元桥改建为石拱桥，更名为木渡桥。1977年3月修建涪二公路，从川湘公路75.5千米处修到二十二库共1.2千米。另外，南桐矿区于1969年修建了九一一仓库支路，其中南川境内石莲公社长1.5千米[①]。

通常所说的"三通一平"是指三线企业厂区内部建设工程，意味着整个建设的"破土动工"，通常以正规施工单位开始全面施工为标志，但仍然具有一定的非正式性，其开始和结束时间往往不能准确记录和界定。综合梳理有关资料，宁江厂"三通一平"启动时间约为1965年10月，天兴厂启动于1966年10月初，红泉厂启动时间为1966年10月，九一一仓库约为1966年10月[②]，红山厂为1966年11月16日，庆岩厂为1966年12月，七〇一二工程约为1968年8月至9月，二十二库启动时间为1976年8月。

一、宁江厂

宁江厂的基本建设全面启动于1966年2月10日，其"三通一平"工作大约在1965年10月8日现场党委和现场指挥部成立前后即已启动。其"三通一平"阶段共组织了17项"前哨战"工程，包括水电工程以及8项新建改建工程。由于接收的是水江钢厂和铝氧厂旧址，尽量利用旧有建筑，工程量相对较小。但现场除道路可勉强通车外，还需要新开辟电源、水源；场地方面除需要开山打石外，还需要清除遗留的废弃建筑物和堆积如山的废矿渣。

平整场地。根据设计，大件机加车间和小件机加车间摆在原4座废钢炉的位置上，首先做的就是拆除4座废弃高炉。厂里组织民工和职工

[①]《南川县交通志》，1989年4月，第13页至15页。
[②] 1966年10月启动的九一一仓库工程主要在南桐矿务局境内，本书将南川境内部分的"三通一平"视为同步启动。

用炸药把高炉炸倒，然后用肩挑、车推将大量废渣废物清除，填平大沟。其次是计量室和锅炉房。计量室和锅炉房的地基安排在山坡上，需要开山打石挖出来。第三是总装车间。根据防空要求需要靠山隐蔽，硬上开了半壁山打出一个装配车间的地基。第四是生活区。1至8栋家属区的位置是一片长满荆棘的乱石岗，子弟校校址在一个采石场的石坡上。机关干部和民工一起打石头、运石渣，硬是开山采石搞出地盘。第一阶段平整场地工程，包括拆除废炼钢炉、废锅炉、废烟囱，清除矿渣等就耗资5.3万多元。

通电方面。那时的水江地区没有可利用电源，只有一个7.5千瓦发电能力的蒿枝湾电站，发电量仅供当地政府机关照明。这是宁江厂的歼灭战被推迟至1966年的原因。涪陵地委副书记左世杰提出把鸣玉三岔河电站的525千瓦发电量分250千瓦给宁江厂，但三岔河电站距宁江厂25千米，仅线路投资就需25万元，工程量大、工期长，被迫放弃。后来决定从七二四厂老厂借调500HP柴油发电机组（功率为300千瓦）到厂发电。老厂积极组织抢修试车，派电工工程师李秀文和技师蒋忠臣到南川现场帮助组织安装。提前加固机房、打好机座，现场没有吊装设备就用绞磨、手葫芦、圆木三角支架等土办法，终于用一个半月完成安装任务，11月试车，12月投入正式运行，保障了次年的正式开工。再次，为弥补发电不足，又从六一六厂（山西柴油机厂）买来2台100千瓦的发电机组，安装在主厂区作为辅助电源。以上两举措为宁江厂提起正式开工作出了贡献。1966年2月大规模施工开始后，现场又从六一六厂买来100千瓦的发电机组作为辅助电源。1966年4月，现场指挥部会同四川省水电厅火电设计处等单位设计了35千伏高压输电线路：由北固110千伏变电站35千伏出线，由北而南经阎家嘴、黄家湾、较场坝等抵达水江公社梨坝七队小湾的701变电站，线路全长16.25千米。35千伏线路输电工程于1966年8月9日开始施工，其工程不仅包括架设电杆、放线、拉线，还包括了701变电站的施工工程。1966年9月25日，35千伏高压输电线路接通输电。1972年1月12日，建字204部队代表宁江厂把35千伏高压输电线路和701变电站移交给重庆供电公司。

通水方面。施工初期现场人员吃的是河沟水，水量小，无法满足施工需求。但距离厂区数百米处的鱼泉河（团囡河）水量较大，而且水江当地属于喀斯特地貌，地下溶洞遍布。现场指挥部通过考察厂区附近的团囡河和工厂周边地下溶洞，发现团囡河的水量比较大但雨季混浊，地下溶洞的水质较好但水量不够大。最后决定以团囡河为永久性生产用水的水源，以家属区东面魏家湾的一个地下溶洞和几千米外鬼王山下的水洞为永久性生活用水水源[1]。1965年10月，又在团囡河新建一个泵房，通过直径100毫米铸铁管道直接把水输送到施工现场，满足了基建施工的用水需求。后来，水江镇在鱼泉河上游修建的一座造纸厂污染了下游水源导致宁江厂镀件不合格，宁江厂又花费2万多元重新打了一口井用于工业用水[2]。

通路工程。宁江厂区在川湘公路通往中心公社、石墙公社的支线公路两侧，只需要在原有路基的基础上做一些维修、铺垫平整工作，有的路段需要清除矿渣等障碍物，就满足了通路要求。因为原有公路是传统的社会通道，为保障厂区安全又投资12万元在厂区外修建了3.7千米长的一条县级公路及一条便道，实现了工厂与社会人流物流的分离。

二、红山厂

红山厂是少数仪式化启动"三通一平"的单位。1966年11月16日，红山石油现场召开"三通一平"开工典礼，施工部队和民工等队伍分几条战线同时打响"三通一平"战斗。当然，广义的施工稍早。自1966年10月6日首批建厂职工进入现场，10月25日南川县南平区150名民工率先进场，至11月14日南川县大观区100名民工、酉阳600名民工先后进场，"三通一平"正式启动时的800多名民工已全部到位。而先期进场的南平区民工其实早已启动了部分前期工作，他们的主要工作或是布置民工住房、修建民工食堂等。至1967年4月现场有老职工70人，会同建厂部队及编外职工共计1700多人。

红山厂"三通一平"工程总投资44.4万元，计划在1966年12月底前完成南平至厂区的乡村公路路面修整，新修厂区公路1.6千米、生活区便

---

[1] 2022年10月14日，原宁江机械厂副厂长、厂史维编委会副主任周凤舞口述，由刘先群采访。
[2] 《南川县环境保护志》，1992年10月，第15页。

道约 2 千米，新修漫水桥 1 座（完成桥墩），改建向家沟桥 1 座，完成 6 千伏临时电源线路 4.5 千米（由南川县电业局施工），安装 320 千伏·安变压器 1 台（向南平煤矿借用）及低压线路一部分，完成厂区正式供水干管和施工用支管及水泵房，安装水泵 3 台（厂区 1 台、福利区 2 台），完成厂区全部厂房和库房的场地平整，建成干打垒住宅的主体结构（1500 平方米），为一季度准备住宅平整 3750 平方米场地，新建正式生产库房 400 平方米。

在"三通一平"开工典礼大会上，现场党委书记王鸿昌和指挥长鲁兴旺进行动员，布置"三通一平"任务。酉阳 600 名民工组成 1 个营 3 个连，一个连住在萝卜坎一带的农民家，主要负责修整南平至厂区公路；两个连住在向家沟、砖房的农民家，主要负责建筑厂区公路；南川 250 名民工除 50 名护厂和搞管理工作外，余下 200 名组成 1 个营，在基建组直接领导下新建穿斗夹壁平房、成品库和水池水管等基础设施，以及临时电源线路挖洞立杆等。厂房部分则由建设部队负责。

通路方面。南平至厂区的乡村公路地段长、道路狭窄、坑凹较多，既要填平，又要加宽汇车道，工程量大、任务急、时间紧。厂区公路虽然只有 1.6 千米长，但都是稻田，还未放水，开工典礼后立即挖开缺口放水、划线、挖方、填方、铺平路面、夯实路基，仅此挖方 6000 立方米，填方 4200 立方米，且石方占 10% 以上。那时的红山厂现场红旗飘扬、夯歌回荡。现场 1000 多名施工人员吃的是粗茶罐罐饭，住的是席棚，睡的是稻草地铺，几十个人挤一间小屋，工作和生活条件极差。他们不顾天寒地冻、大雪纷飞，用扁担、箢篼、锄头、箩筐、铁铲等简陋工具，在缺乏劳保用品的情况下凭一双手一副肩开田放水、劈山取石、挖土填方、铺路架桥，工具缺少用手抠，石头没有河里捞，推车没有用肩挑，终于在 1967 年 4 月底完成了任务，其中新建公路于 1967 年 2 月底基本通车。

通水方面。因为有木渡河从厂区经过，流量较大、水质较好，工业用水和饮用水都直接从木渡河取用。直到 1976 年岭坝公社在木渡河上游修建了一座造纸厂，加上用水量的猛增，才改换了其他水源。

通电问题是在"歼灭战"期间才最后完成的。需要安装的 35 千伏输电线路从万盛麒麟坝到厂区要跨 6 座高山，穿越 24 道深沟，通过 47 座高压线塔，全长17.5千米。五机部第一安装工程公司104安装队负责红山厂输电线路架设工程，他们于1969年3月抵达万盛，于4月中旬把打洞、抬电杆等任务承包给万盛的南桐、东风、红岩等公社社员，要求社员们在6月20日前完成前期工作，还抽了途经地区5个大队的干部协助施工。结果由于督查不到位，那些社员延误了工期。直到9月底红山厂准备试生产，输电线路架设工程才完成立杆。没办法，红山厂书记、军管会主任赵金池亲自带领近百名职工、军管人员组成拉线突击队，与另两队民工组成三支拉线队伍，大干30天，终于在1969年10月底完工。

三、红泉厂

红泉厂的"三通一平"较为复杂，也特别艰巨，分为两个阶段。第一阶段1966年10月末至1967年3月，南川、酉阳、秀山、黔江、彭水、涪陵等地1400名民工耗费5个月时间在龙骨溪沟底9千米处开山修路、破土挖基，开始了"三通一平"。主要工程包括修筑"红专大楼"到第一厂区2千米的公路、修补龙骨溪沟口至"红专大楼"9千米公路、修建简易工棚、安装柴油发电机、安装2600米供水管道、平整场地、开挖家属宿舍基础等。经预测，需挖土石方9万立方米，修筑堡坎1.5万立方米，修建桥梁7座、涵洞40处，还要克服经常性的滑坡和塌方。尽管经过5个多月的努力，但施工进度非常缓慢，乃至最终放弃。第二阶段的"三通一平"于1967年3月底开始，在新厂址厂门沟和疗养院同时开工。

通路方面。工业区设计了45个单体工程，分布在龙骨溪沟两侧的山坡上，延续3千米长，因此必须集中力量抢修主要通道。原来的简易公路必须加宽、加高，还要修桥。特别是一号桥，位于龙岩河与龙骨溪的汇合点，是通往厂区的咽喉，桥不通则所有的基建、生产、生活物资都无法进厂区。紧急时刻，东胜公社和半河公社组织930名社员赶来增援，经过8个月艰苦的开山、修路、架桥，于1968年1月建成了二号、三号两座公路大桥和一座人行便桥。还修通了3千米的厂区公路。通往厂区的一号桥原是一座简易木桥，雨季经常被水淹没。新一号桥设计为两跨三墩的钢筋混凝土桥梁，长44.2米、高10.5米、宽6米，承受能力30吨，需基础土石方1033立方米、基础混凝土1085立方米、钢筋21.8吨、木质排架支撑380平方米。

施工人员一无钻探资料、二无设计人员、三无专业施工队伍、四无排水设备，还必须抢在洪水到来前完成施工。为保障施工顺利进行，工程指挥部派专人到重庆桥梁建筑公司求援，由重庆桥梁建筑公司派出技术员边勘测、边设计、边施工，抽调146名职工和民工组成施工队伍昼夜奋战，职工家属、学校学生利用休息时间运输材料，施工部队也抽出有经验的干部、战士参加施工。该桥从1969年1月6日正式动工，于1969年4月20日胜利通车，比原计划提前了10天。1971年11月基建竣工后，红泉厂职工自己动手，又修建了三泉街口至一号桥的公路和家属区水泥路面。

通水方面。工厂生活及生产用水都取于龙骨溪沟河水。1967年4月，在厂区3.2千米处修建了水场，安装抽水机2台、加压泵4台，厂区修建一座600吨高压蓄水池，供生产用水；生活福利区最初建有一座200吨蓄水池，在1981年上水管道被砸烂后又重新修建一座500吨高压蓄水池，供生活福利区、三泉地方单位和农户用水。因水场距离家属区有五六千米远，又增加了一台加压泵。

通电方面。1966年6月至1967年4月在旧厂址期间分别购置了84千瓦、50千瓦、20千瓦柴油发电机各一台，供生活照明和施工临时用电。调整到新址后，修建了1800千伏·安的变电站，于1968年5月开始架设从工厂变电站到10千米外的南川北固变电所的35千伏高压输电线路，这条线路要跨公路、越河流、爬高山、过丘陵，全线路单杆16基，双杆20基。该项工程原定由五机部第一安装公司104安装队负责，但104队直到1969年3月才到达万盛，并且要首先完成红山厂输电线路架设工程，显然不能承接红泉厂的项目。时间紧迫，厂方决定自己施工，组织了50多人的放线队伍，由綦南供电所线路施工队负责技术指导，于1968年9月开始架线，1968年10月1日凌晨正式通电。1970年，该线路及变电站被移交给重庆市电力公司綦南供电所。而内部高压线路速度更快，如变电站到工业区、福利区、人民坝预制场的3条高压线路，仅用13个小时即完成任务。

场地平整方面，于1968年初开始启动，主要依靠700多名民工。经过半年多的时间，填土石方1.72万立方米，开土石方5000余立方米，挖土石方4700余立方米，筑3米高的挡土墙600米，护坡加固2000余平方米，排水沟挖方5000余立方米,同时还疏通了河道、增设了拦水设施。

红泉厂"三通一平"的关键期,恰逢"文化大革命"初期,加上前期两次选址争议等,该工程直到1967年12月下旬才基本结束,是南川三线企业中耗时比较长的。

四、天兴厂

天兴厂的"三通一平"启动于1966年10月4日。第一项工程是修建一座500平方米的干打垒房屋。1966年9月天兴厂先遣组人员进驻天星沟时没有合适的办公场所,只能在农户家中办公。涪陵地委为了支援三线建设,让白手起家的建设者有个立足之地,决定由南川县政府负责为该厂修建一座500平方米的干打垒房屋。该工程于10月初动工,当地群众沿着羊肠小道运送砖、瓦、石灰等到现场,经过两个月建成了工厂的办公用房和建设初期的大本营。该地的小地名也因此被称为"五百平"①。

天兴厂的职工积极参与基建工程。缺乏机械化工具、砂石等,该厂职工和民工一起在山岩下烧起铁炉自己生产钢钎,上山砍竹子自己编箩筐,一起下河捞河沙和鹅卵石等。全长13千米的高压线安装拉线工作,全部由职工和民工完成。工厂还于1972年12月至1973年11月,组织职工修建了7千米长的厂区内水泥公路。

天兴厂的"三通一平"工程与红泉厂一样可谓一波三折。天星沟位于金佛山西麓的狭长山谷沟底,两面山崖陡峭,沟长3.6千米、宽30至180米,贯穿厂区的石钟溪汇水面积大,多洪水,初期的"三通一平"经常遭受洪水、危岩、滑坡、泥石流等的侵扰乃至破坏。如1968年春,天兴厂工地修建的路基、堡坎、桥梁等被春雨冲垮,"有些桥梁和路基已经不能行人和车辆运输",不得不在6月下旬农村"双抢"结束之机请求南川县支重办安排55名三汇公社劳动力以搞副业的方式支援。除了气候、地质因素,管理程序等也制约了工程进度。如1967年2月天兴厂提出新的迁建意见,但被上级否定;天兴厂首期征用三汇公社243.93亩土地,以及迁坟127座、移民12户等,直到1967年11月才获四川省批复;用地指标正式批下来后,1967

---

① 《南川市文史资料》,第15页。

年底至1969年中又受到"文化大革命"严重影响,整个现场建设在此后2年间处于半停工状态。1967年底,天兴厂第一批2500名民工全部撤离现场。直到1969年7月才招来第二批民工重新启动"三通一平"。因此,直到1969年10月前后,天兴厂的"三通一平"才基本完成。

五、七〇一二工程

相对而言,七〇一二工程较为顺利,因为该工程由部队主持修建,其他对工程施工的影响相对较小。南川地方对七〇一二工程也有支持,部分"三通一平"工作是由南川县支重办组织两个民工连完成的。另外,由南川供电所承建,架设了一条从北固变电站到安坪的高压线;由涪陵公路桥梁公司设计和承建,在现场修建了一座横跨大溪河的安坪公路大桥,于1969年建成通车。

第三节 打响全面基建歼灭战

"三通一平"基本完成后,即进入全面基建阶段。主要表现形式是一个个的"会战""歼灭战",通过组织"战役"集中迅速建起一座座厂房楼房,建立基本完善的生产生活基础设施,满足设备安装、试制生产、生活经营等基本要求。"歼灭战"也是那个时代搞大项目建设的基本特征。

南川境内各三线企业于1966年2月起陆续启动全面基建施工,集中开工于同年下半年。其中宁江厂最早,于1966年2月10日开始全面基建,于1966年底基本完成。其次是九一一仓库,于1966年秋启动,位于南川县境内的二期工程启动于1967年2月底3月初,施工部队于1971年秋撤离现场。第三是红山厂,于1967年3月7日开启全面施工,1970年12月基本竣工。第四是庆岩厂,约于1967年后期启动全面施工,约1970年7月基本完工。第五是红泉厂,于1968年5月底开始全面基建,至1970年4月基建竣工。第六是天兴厂,于1969年10月启动全面建设,约1972年

· 49 ·

完成基建。第七，七〇一二工程约于1970年10月开始基建攻坚，约1976年结束基建。位于东胜的二十二库最晚，启动于1976年秋，1987年停工。也就是说，南川三线建设的大规模基建从1966年初一直持续到1987年，高潮在1966年至1971年五年间。

一、宁江厂率先打响"歼灭战"

宁江厂是南川第一个打响"歼灭战"的。早在1965年，上级就安排宁江厂和位于南桐矿区的晋林厂一起从1966年1月开始打"歼灭战"。截至同年11月发现宁江厂的电源问题还不能解决，上级领导决定把宁江厂的施工队伍集中到晋林厂先打"歼灭战"，1966年6月再移师宁江厂。随着宁江厂自行完成"三通一平"，上级领导和建工部二局五公司领导又决定在1966年第二季度启动宁江厂的"歼灭战"。宁江厂现场党委和指挥部仍然认为不能消极等待，决心像大庆那样"有条件要上，没条件创造条件也要上"，于是就争取在雨季来临前同晋林厂同步打"歼灭战"，开展挑战、应战活动和友谊竞赛。1966年2月10日，宁江厂施工现场举行了隆重的基本建设"第一战役"动员大会。

动员大会上，涪陵专区和南川县两个工作组的领导、南川县委宣传部长武春荣参加大会并讲话，建工部二局五公司一处的负责同志和民工连队代表先后在大会上表决心，宁江厂党委书记肖景林作动员报告，现场指挥长于有林宣布了46个项目的基建计划。会后，建工部二局五公司、安装公司、吊装公司等国家正规建设队伍1254人，还有涪陵建筑公司、南川建筑社、乌江航运社、南川城关修缮队等地方建筑队伍843人，以及水江、南平等地民工1085人，汇集成一支浩浩荡荡的建设大军进入了施工现场。

"歼灭战"以建工部二局五公司为主力，主攻工业建筑项目，地方基建队伍则负责生活福利区土建工程。基建工人和民工提出"工地就是战场、工具是刀枪""苦不苦，想想红军二万五；累不累，想想革命老前辈""革命加拼命""拼命建三线，和帝国主义争分夺秒抢时间"等战斗口号。

战斗期间，连队之间、班组之间、各工号之间开展了以"五好"为内容的社会主义劳动竞赛和"一帮一、一对红"活动，好人好事不断涌现。

如五公司一处的瓦工组砌砖的速度从每天 800 块提高到 1000 块；民工连队砌石量从每人每天 1 立方米提高到了 1.5 立方米，个别工人日砌石高达 2 立方米；鸣玉民工拉平板车连运石头，从每天 10 车次提高到 22 车次；基建设备维修工随叫随到、随来随修；物资供应部门的汽车司机不分昼夜抢运物资，从三江抢运预制板，从万盛抢运河沙，每天往返两次从不叫苦。南川民工关振忠请假回家搞"双抢"，办完请假手续后又干了半天活才走，他说"为建厂多推一车土也是光荣的"。3 月 10 日五公司学徒工瞿嘉珠左臂被空压机破片打断，现场党委派车仅用 4 个小时就把他送到西南医院，断臂再植成功。7 月 25 日，供运科司机武光玉在去白马拉河沙的路上发生翻车事故，当场死亡 3 人、重伤 2 人、轻伤 1 人，厂里还专门为武光玉举行了追悼会。

从 1966 年 2 月到 1966 年底，宁江厂工地上先后打了五场"歼灭战"，基本完成绝大部分单项工程主体。其中工业项目处于扫尾阶段，部分交付使用；非生产项目进展较快，交付使用职工宿舍 32 栋。经过一年努力，累计竣工建筑面积 3.32 万平方米，其中工业建筑面积 1.17 万平方米、非工业建筑 2.15 万平方米，均超额、提前完成投资。宁江项目实现当年设计、当年施工、当年投产，降低了造价，保证了安全，得到了五机部重庆筹建处的表扬。

二、红泉厂扎实开展"歼灭战"

红泉厂是五机部 1968 年基本建设重点单位。1968 年 5 月上旬，建字 204 部队二区队进入施工现场，同月底集中人力、物力、财力，开始大打基本建设"歼灭战"。8 月下旬，建字 208 部队工程连进入红泉厂现场，负责工程及设备安装等。他们把原本编制为 9 个连队的 1700 名民工重新编组，抽出部分民工配属施工部队参与工业区建设，抽调部分干部战士去担任民工连队的领导，使施工部队与民工融为一体，提升了"歼灭战"效果。但由于龙骨溪一带地形太过复杂，施工非常艰难，"歼灭战"从 1968 年 5 月持续到 1969 年 9 月，而全面建设任务一直持续到 1970 年 4 月左右才基本完成。即使如此，红泉厂的基本建设"歼灭战"仍在南川各厂中位居前列。

在生活福利区，"歼灭战"期间共突击修建家属住房 14 栋，完成建筑面积1.9万平方米，为大批职工进厂创造了有利条件。到1970年，已建成家属住房22栋，1974年至1982年间又建成家属住房8栋。单身职工宿舍方面，先后在二号桥建成1栋、三号桥1栋、疗养院2栋、学校附近1栋（民工单身宿舍）。另外还先后建成俱乐部（建于1969年12月，时为三用食堂）、职工医院等。

工业区的施工进度相对较慢。至1969年12月基本完成45个单项工程中的33个，完成建筑面积1.6万平方米，其中工具、机修和3个机加工车间等主要工程均已建成，占工业区总建筑面积的80%。

三、红山厂分期分批打响"歼灭战"

红山厂的"歼灭战"受到公路建设进度的影响，直到1967年2月底厂区新建公路基本通车，建字205部队才随同建筑材料进入红山厂工地。参与施工的除了建字205部队，还有南川南平建筑队、重庆南岸修建队等承包了砌墙、单身宿舍等工程。3月7日，木工房和管板修理工房首先开工，建筑面积有814平方米。另有10个工号也于3、4月开工。

1967年4月17日，红山厂现场指挥部召开会议，提出"先工业后民用，先难后易；先沟里后沟外，逐个歼灭"的方针，分四批正式启动了1967年度的"歼灭战"。其中第一批工程计划于1967年5至6月完工，涉及11个工号，另加3座桥、2个民用工程，建筑面积6476平方米；第二批工程计划于1967年7至8月完工，涉及16个工号，另加3个民用工程，建筑面积5296平方米；第三批工程计划于1967年9月完工，涉及4个厂房、5个民用工程，建筑面积3737平方米；第四批工程计划于1967年12月完工，涉及民用工程8个，建筑面积3937平方米。会后，建字205部队二区队4、5、6、7四个中队约900人，以及部队编外人员100余人、民工600多人在现场进行了"战前"动员。

1967年5月3日，红山现场一片繁忙景象，第一期建设"歼灭战"工程全面开花，各类施工队伍合计约2000人战斗在向家沟这块狭长的土地上。由于对工程建设的困难估计不足，特别是水泥预制瓦、吊装作业等没跟上进度，上述项目都没能在1967年底竣工，连首次开工的两个工房也是直到1969年7月20日才竣工。事实上，即使1969年初又有建字205部队一区队的部分人员前来增援红山项目，上述工程的全部完工仍然要等到1970年12月。

1967年的四批工程"歼灭战"没有按时完成，五机部又于1968年3月14日通知红山厂调整工厂设计。自1968年10月28日新设计方案出台，1969年2月才完成新的厂区生产性项目施工设计，1969年11月正式批准扩建，中间又耽误了一年半。

红山厂的第二期建设"歼灭战"于1969年初重新打响。建字205部队二区队3个土建中队、1个水电安装中队承担了生产性建设任务，一区队2个土建中队负责福利区建设，重庆南岸修建二队承包了2项砌墙工程，南平建筑队和民工负责1栋单身宿舍。截至1969年3月，建字205部队完成新建工程5项、扩建5项、改建2项，以及部分管线和附属设施。3月14日至5月20日，一区队停工整党。二区队约于5月下旬停工整党，由一区队接下二区队7中队负责的大坝沟工程，三区队调拨2个土建中队接下二区队的向家沟工程。而全部生产性建设的完工，是在1969年底。这一阶段的"歼灭战"速度有明显提高。如调整扩建的34号厂房，调整后以砖房代替"糊豆渣"，进度明显加快，建字205部队的于副大队长还亲临现场指挥，结果该1242平方米的厂房只用了4个月零10天就完成了从挖地基到竣工的全过程。厂房建成后，接着打地平，然后由建字208部队安装设备。至1970年底，各种设备都已安装完成。

1970年，各施工力量开始集中推进福利区的职工宿舍、会堂、招待所、子弟校、托儿所、商店、粮店、食品站等建设任务，直到1970年12月基本竣工。经过近三年的努力，建成男单职工宿舍2栋，面积2745平方米、房间72间；女单职工宿舍1栋，面积1214平方米、房间33间；家属宿舍20栋（其中干打垒9栋），面积19923平方米，可住职工464户。工厂职工家属的住房条件得到了较大改善，甚至略有剩余。

四、庆岩厂组织开展"大会战"

庆岩厂基建"大会战"的开始时间与红山厂差不多，大约在1967年中，结束时间约在1970年7月。参与庆岩厂施工的建设部队人数众多，包括了建字204、建字207、建字208部队共计1500多人，其中建字204部队主要负责土建，建字207部队负责边建设边安装机器设备，建字208部队负责运输砖瓦沙石、油毛毡、牛毛毡、石梯瓦等。另外，南川县组织18个民工连队2300多人支援。加上庆岩厂干部、技术人员和职工等，施工现场达4000多人，可以说是热火朝天、热气腾腾。当时18个民工连队有18个食堂，建制部队有3个食堂，即便是工地食堂也呈现出一派会战景象。

五、天兴厂的全面基建

由于"三通一平"相对滞后，天兴厂的全面基建施工的时间也明显落后于红泉、红山、庆岩等厂。大约在1969年10月，天兴厂工地招来第二批民工，基本启动了全面基建，后于1970年形成新一轮建设高潮。1969年10月，五机部第五设计院完成天兴厂扩大设计方案，对前期的总图作重新布置，修改量占原设计的70%以上，其后又几经反复修改。如1973年5月，上级主管部门又批准天兴厂修改设计方案，增加生产和生活建筑面积达7700余平方米，无疑拉长了整个建设工期。

截至1971年4月南川县支重办仍在安排天兴厂的建设物资，1974年2月仍从西胜公社调配临时民工支援天兴厂建设，因此天兴厂基建的全面完成约在1971年底或1972年，甚至1974年以后。因此，天兴厂的全面基建，大约从1969年10月起至1972年基本结束。

六、七○一二工程基建的完工

第七研究院十一所于1970年归部队建制后，有关单位在南字816部队的基础上又派出在南川及其周边的建字204部队二区队、建字207部队二区队、建字208部队，以及解放军总后勤部驻渝办事处的一个汽车连、总字817部队的一个汽车运输排配合增援。在此基础上，还组织了酉阳、秀山、黔江、彭水、丰都、武隆、南川等7县1000多名民工。1972年后，第十一所又在南川、重庆等地招收近百名工人。工程建设高潮时期，各建字部队战士和联合民工等共有3000余人在现场，安坪坝一片机器轰鸣、车来车往、红旗招展。1976年2月，南字816部队向第十一所交付管理权，并逐步撤离南川，七○一二工程基建部分宣告最终完成。

七○一二工程基建工程的完成，标志着南川主要三线建设项目基建部分的结束。各三线单位主要建设工程结束后，还有其他个别"建字"部队到南川补充施工。1976年7月，驻四川平武的建字893部队三个区队、10个中队奉命进驻南川县负责红山厂防洪工程施工。至1982年止，完成向家沟主河道裁弯取直，改造桥梁4座，修建堡坎963米，新建职工宿舍2240平方米，新建职工医院、托儿所、汽车库、会堂，修筑道路179米，总投资达377.28万元。

南川三线建设基建部分主要时间节点

工程名	巡山选址	"三通一平"	全面基建
宁江机械厂	1965年2月	1965年10月	1966年2月—1966年12月
天兴仪表厂	1966年5月	1966年9月	1969年10月—1972年
红山铸造厂	1966年8月	1966年11月	1967年3月—1970年12月
庆岩机械厂	1966年	1966年12月	1967年—1970年7月
红泉仪表厂	1966年5月	1966年10月	1968年5月—1970年4月
七〇一二工程	1968年	1968年8月	1970年10月—1976年2月
九一一仓库	1966年	1967年2月	1967年2月—1971年秋
二十二库第三分库	1976年	1976年8月	1976年—1987年
襄渝铁路	—	—	1970年2月—1972年2月

第四节　干打垒和糊豆渣

南川三线企业建筑的一个突出特色是"干打垒"[①]和"糊豆渣"[②]。在缺少龙骨石（石灰石）或砂石等建筑石料，或缺乏采石经费、劳动力的地方，土坯墙是经济实用的选择。"糊豆渣"则相反，在石灰石丰富、黏土相对缺乏甚至石漠化的地区，往往以不太规则的石头砌墙。它们能减少建筑工序、压缩建筑成本、加快建厂速度，从而做到艰苦奋斗、勤俭建厂。"干打垒"和"糊豆渣"后来特指三线建设中勤俭建厂的精神，并不仅仅指两种建筑工艺的总结推广。以下以宁江厂为例作简略介绍。

一、"干打垒"

1965年9月，五机部在四川广安县明光仪器厂和华光仪器厂召开"明光建厂现场会"，史称"广安会议"。会议介绍了明光厂和华光厂的建厂经验，特别推介两个厂的"干打垒"经验，南川地区最早启动基建的宁江厂派出党委书记肖景林、副厂长刘荣泽参加会议。"广安会议"要求"三线建设要发扬延安作风，走大庆道路，自力更生、艰苦创业，勤俭建厂、厉行节约，就地取材、就地用人，采取以少量技工带民工的方法，搞大庆式的'干打垒'建筑，以高速度、低造价把工厂建设起来"。还特别要求各三线企业"不搞高标准非生产性建筑，一律搞'干打垒'"。

[①] "干打垒"就是土坯墙，在南川及周边的西南地区广泛流行。1960年代初，大庆石油工人曾广泛修筑"干打垒"。据说，1965年秋季，五机部副部长朱光在广安县受一栋百年土墙楼启发，组织华光厂、明光厂干部职工以黏土、石子和竹子为筋，加入石灰水搅拌，夯筑成土墙，盖茅草或砖瓦修筑成职工宿舍。东北的"干打垒"这一称呼就随三线企业来到西南地区。

[②] 当地称"胡豆醡""胡豆墙"，也就是拌三合泥的石头墙。"醡菜"是南川民间传统食品，用米面、辣椒、盐和其他作料，加上胡豆、豌豆、小肠、腊肉等拌制，经发酵后制成，可作小吃也作主食。"胡豆醡"在形态上类似添加大量胡豆的醡菜。为行文方便，本书暂随有关资料称其为"糊豆渣"。

会后，宁江厂组织全体职工白天工作、晚上讨论，重新审查施工预算和建筑标准，决定先降低民用建筑造价，在民用建筑是大搞"干打垒"以作探索试验。为在国防工业建设上进一步落实"广安会议"精神，第五设计院工程技术人员又于1965年底重新返回宁江厂现场，紧急修改建筑设计。

1966年1月6日，五机部副部长朱光亲临宁江厂现场并作出指示，要求宁江厂在贯彻"广安会议"精神上不能含糊，不仅在生活建筑上搞"干打垒"，在工业厂房上也要大搞"干打垒"，首先对墙体进行"革命"。随即，五机部重庆地区筹建处下发"降低建筑标准"的暂行规定，要求必须的生产性建设标准该高则高、该低则低，坚决压缩非生产性建设的规模并降低造价。并具体规定：（1）非生产性建设应尽量利用现有的建筑物，按计划规定的职工人数，每人平均不能超过15平方米。（2）办公室、家属宿舍、单身宿舍、托儿所、招待所等建筑不能超过30元/平方米。（3）凡是可用"干打垒"的一律采用"干打垒"，如油库、杂品库等，造价不得超过35元/平方米。（4）除火化工厂的危险品，如武器弹药、火工品和火药库房可采用刺网围墙外，其余一律不得建设围墙和大门。（5）凡利用原有房屋改建的，均不得大拆大改。（6）因地制宜、合理布局，坚决压缩厂房建筑面积，缩小跨度、简化结构。锻压热处理工房可采用敞开式建筑形式，大厂房不准套小厂房，有特殊工艺要求的应报上级审批。

宁江厂现场党委提出"学两光、赶两光、超两光"口号[①]，经过充分讨论、反复核实，制定了修改设计、压缩投资，在总概算基础上节约投资200万元的计划。生产性建筑工程方面，在满足生产最低需要的前提下，23项工程简化结构、降低标准，将大部分砖墙改为"干打垒""糊豆渣"墙，火工品库由原设计的砖墙改为"干打垒"墙，部分厂房内小屋进行缩减，取消原设计中的围墙、岗棚，少用资金31.42万元。非生产性建筑工程方面，对旧有房屋不大拆大改，因地制宜、因地就简，适当压缩14项工程实用面积，旧有房屋只检修不改建，少投资7.19万元。生活福利建筑工程方面，压缩原设计标准，一律按每人建筑面积15平方米的标准执行，12项工程少用

[①] "两光"即明光仪器厂和华光仪器厂。当时四川省广安县有明光、华光、金光、兴光、红光、永光等6个"光字辈"企业，是重庆地区军用光学仪器生产基地。

投资127.69万元。其他基本建设项目充分利用旧有建筑物，采取永久性建筑代替临时设施，不搞暂设工程，压缩建设投资共9项，节约投资33.7万元。经综合修改和压缩，上述各项措施共节约投资200万元。

二、"糊豆渣"

制作精良的土坯房能够经多年日晒雨淋而不垮。但宁江厂所在的水江是典型的多雨多风区，有"水江的风一个月只吹三回，一回吹十天"的说法，而且多横风。另外，水江地区是喀斯特地貌，多石少土，为制作土坯房而大量挖取黏土，一是黏土资源不足，二是破坏生态。同时，土坯墙还很容易被凿穿破坏。宁江厂现场党委并没有拘泥于上级的具体指示要求，他们组织工程技术人员和设计人员广泛走访城镇乡村，终于找到了一种具有南川特色的"干打垒""糊豆渣"建筑。

南川传统建筑以土木、砖木、石木为主，有三火头、四火头、土口、土墙、"糊豆渣"、茅屋、砖墙等。部分地方就地采用乱石为主材，以三合泥（黏土、石灰、河沙）作胶结材料砌筑，被称为"糊豆渣"。随着施工技术和建筑材料的发展，胶结材料由三合泥发展为混合砂浆、水泥砂浆等，至20世纪60年代初已有较高水平。1960年南川县野战团用"糊豆渣"的方式设计施工建成可容纳5000人的县人民会堂，1965年《建筑学报》还专题报道了南川建筑房屋情况[1]。经过调研论证，宁江现场工程技术人员认为南川县的"糊豆渣"建筑结构可用在宁江项目上。一是大搞"糊豆渣"建筑可以抢时间争速度，二是充分利用山区石料多的有利条件，还可以借开山开辟出来的地方盖房少占良田好土，三是可以充分利用地方"五匠"和民工资源，克服国家施工力量不足和运输力量不足的困难，四是可以降低造价、节约投资。于是，宁江厂"虚心向地方学习，拜地方人民为师"，组织地方"五匠"先行砌筑了4栋"糊豆渣"样板楼，从中总结经验教训，然后再广泛推广应用。"糊豆渣"精神精神是一种因地制宜、勤俭节约、灵活创新的精神。

初期，部分职工对"糊豆渣"顾虑重重。有的职工说："离家几千里

---

[1] 《南川县城乡建设志（初稿）》，1989年7月，第86页、87页。

来到大山沟就够革命的了,还让住'两干一低'(干打垒、干厕所、低标准),真是越革命越吃亏。"甚至有人说:"盖'糊豆渣'房子简直是胡闹,怕花钱用纸糊一个房子算了。"现场党委针对这些现象组织全厂职工认真学习,表示"只要能为国家节约建设投资、加快建设速度,我们的生活条件再简陋也心甘情愿,待打仗完了、经济形势好了再进行改善"。后来,朱光再次抵达宁江厂现场,对"糊豆渣"建筑大力赞扬,要求发扬"糊豆渣"精神,不仅要搞"糊豆渣"的非生产建筑,还要大胆地用"糊豆渣"建起现代化工业厂房。现场党委组织职工大胆试验,把防腐车间检验工房已砌起三尺高的砌墙推倒重来,为"糊豆渣"让路。经过努力,全厂新建1.78万平方米生产性建筑中,"糊豆渣"建筑达到11801平方米,约占总数的66.4%。

1966年4月,五机部党委扩大会议召开,会后还组织会议代表赴宁江厂现场参观考察。其后,宁江厂提出把"糊豆渣"精神向各个方面渗透的号召,要求在全面推广"糊豆渣"建筑的基础上,把这种勤俭节约精神向生产准备、生活设施、文教卫生设施和家用器具购置等方面渗透。如,压缩和降低生产家器具的标准,更改工衣柜和铝制容器具两项节约5.37万元,更改木制容器设计节约8650元;降低医院、学校器械设计标准,把医院原计划购买的进口显微镜、万能产床改为一般设备;把学校教学楼的3个楼梯改为1个楼梯,把靠背凳改为长条凳,加工地由重庆改为南川当地;预制场冲洗碎石剩下的"绿豆砂",经过冲洗后被用来代替工房屋面需要的臭油砂;宿舍门窗用桐油代替油漆。

由于"糊豆渣"需要一块块选石料、打石料、搭三合泥、砌石料,在建筑速度上比"干打垒"慢,更无法不与砖墙相比。如红山厂在1969年的调整扩建中就把34号厂房由"糊豆渣"改为砖墙,明显加快了施工进度。

三、少花钱多办事

宁江厂现场始终贯彻勤俭建国、勤俭办企业、勤俭节约、自力更生、反对浪费、少花钱多办事的方针体现在方方面面。他们还在基建施工中积极开展技术革新,组织各施工连队提合理化建议意见,千方百计节约建设物资,大力开展物资回收、修旧利废等节约活动。

涪陵专区建筑公司在施工建设中，最初用8号铁丝绑脚手架，后改进为用竹篾条拧成绳捆绑，仅承建的113号工程就节约8号铁丝近1吨，价值500多元。公司职工处处精打细，不浪费一砖一瓦一钉一木，改建旧房中拆下了大量旧板材，他们利用旧板材做模板打圈梁，不仅节约大量木材，也为工厂节约造价1000多元。其他方面，仅从木板中取出和回收的钉子就有10公斤之多。

主力施工的五公司一队，在104号工程施工中回收钉子35公斤，水泥袋回收率达90%以上。在买不到玻璃和腻子的情况下，用桐油和白灰自制150公斤替代品。制造预制件工程中，通过改善操作方法使模板利用率提高1~2倍，节约木材10立方米，还通过回收钢筋头制作小预制件节约钢筋2吨多。在制作钢砼檩条时，将木材支撑模改成翻转模，不仅提高了工效，而且节约木材25立方米。

南川建筑社是现场石料利用率最高的单位。一般砌筑"干打垒"厂房石料利用率为80%左右，南川建筑社在105号工程中把小块或次等石料合理搭配使用，石料利用率高达95%。

水江、东方红、南平、城关、先锋、城一等6个民工连负担着福利区宿舍施工。他们在施工中缺少脚手架和跳板，就采用土办法用檩条当跳板，而后再用在工程上；用6尺杠子做成脚手架，而后再用于厕所的人字梁，节约茅竹3000余根、木材30立方米。

第五节　群众性质检活动

南川三线建设的基建施工是在形势较为紧张、时间较为紧迫、物资较为短缺、经验明显缺乏的情况下推进的，施工初期的工程质量相对比较低。以宁江厂为例，第一战役结束后，现场党委和指挥部经过总结分析发现，由于质量管理抓得不紧、管理人员缺乏管理经验和管理知识、个别施工队片面追求进度忽视质量、施工人员技术不熟练导致事故不断发生，从而导致整个工地的质量管理有所放松。从第二场战役起，宁江厂工地开始突出质量检测，狠抓施工质量。

一、群众自检

宁江厂第二场战役打响后，现场党委和现场指挥部要求广大职工和民工进一步树立"质量第一"的思想，带着"战备"观念和"敌情"观念参加工厂建设。在此基础上，建立完善规章制度，其核心是依靠广大职工群众，开展队、组群众性自检活动。

所谓群众性自检，首先是建立从班组到连队的自检组织，充实自检力量。每个基层连队以生产小组为单位，选出技术水平高、工作责任心强、一贯重视工程质量的工人担任班组自检员，做到每项工程中每个队组都有小组的自检员。工厂检验科为每个连队配备一名驻大队质量检查员，各连队由一名副连长担任大队技术队长，联合开展本连队自检工作。同时，常态化组织自检员和有关人员学习掌握有关的技术资料和技术规范。其次，定期开展自检。自检员根据工程进度及时检查工程质量。大队技术队长、大队质量检查员、小组自检员、有经验的老师傅等组成自检组，每周一次开展单项或单一工程检查活动。在自检中，他们会对材料进行检查，如，暮年结块水泥是否被用于主体结构件，砂子是否全部过筛等。再次，强化三级检查。自检并不是终点，在自检的基础上还有互检和专检。自检之外，适时组织班组、连队开展相互检查，安排工厂检验科开展专业检查，重庆市委二部质量检查团也经常来现场检查工程质量。工程质量自检、互检、专检三级检查制度，基本能够杜绝质量事故的发生。再次，召开群众性分析会。检查中发现问题，及时召开质量分析会，分析原因、提高认识、保证质量。如第二战役开始后，重庆市委二部质量检查团到现场发现不少问题，现场指挥部发动群众揭露工程质量问题，深挖出现问题的根源，并对有关意见认真研究总结，效果十分明显。最后，强化整改落实。发现情况、找到原因后，各级检查组第一时间提出改进措施，组织整改落实。譬如，要求用洗石机代替人工淘洗石子、改进石料配方，指定有技术、有经验、责任心强的老工人专门负责混凝土的养护等。通过群众性自检活动，宁江厂现场有效提高了工程质量，保证了安全生产。

质量检查需要强烈的问题意识,而且既要查问题、做减法,也要找优点、树样板。如,1966年4月12日,宁江厂现场对混凝土预制件、砖柱和"糊豆渣"墙体砌筑、抹灰等质量情况和安全生产进行了一次大检查。检查的结果,一连工程质量较好,其中103号砌柱柱角四个点的平均垂直度误差4.2毫米,104号"糊豆渣"墙面平直度6个数据平均误差8毫米,104号生活间"糊豆渣"墙面3个点9个数据平均误差2.9毫米,分别被评为砌墙抹灰样板。第二战役检查结果,整个工程87项工业项目有78项被评为优良工程项目,占全部工程的90%。在树立样板的同时,对尚未达到质量要求的10%工程项目存在的问题提出了相应处理意见,要求认真纠正。

二、三结合

在群众性自检和专业检查活动外,宁江厂还组织了有针对性的"三结合"技术活动,重点解决各项工程的关键问题。如105号工程预埋件多,预留孔多达400多个,技术要求也高,现场指挥部组织设计人员、施工安装人员,以及工艺、水、暖、电、土建施工管理人员等召开"三结合"讨论会,审核设计图纸、检查操作等,发现并解决图纸和施工差错、各专业之间同一图纸尺寸不符、设计漏项等11项技术问题,保证了105号工程的施工质量,为设备安装打下了坚实基础。

第六节 基建工程竣工验收

根据国务院有关规定,三线建设基建工程完毕后"必须进行竣工验收,作出竣工决算"。大约在1974年前后,南川境内完成基建施工的各三线单位都通过国家基建竣工验收,正式进入了生产建设阶段。如红泉厂从1967年开始建设,1971年进行扩建,至1973年底建成的生产性工程和辅助公用设施,可以适应生产要求,主要工艺设备已配齐、安装配套,形成了生产线,工程质量较好,符合设计要求,于1973年12月30日完成竣工验收,从而正式交付生产使用。

下文以红山厂和宁江厂为例简要介绍竣工验收的过程。

一、红山厂

红山厂的竣工验收工作从1972年8月开始到1973年7月结束，历时一年时间。

首先是验收准备。红山厂于1972年8月成立由党委书记王鸿昌、厂革委副主任石宝章、修建科科长苏利丰、机动科科长肖元祥、工具科指导员吴应方、会计科科长周廉泉、劳资科副科长张宪奎等7人参加的基本建设竣工验收领导小组。下设验收准备办公室，负责总结建厂经验教训，检查核定工厂建筑面积、生产设备、人员、资金，是否明确生产纲领，基本建设项目是否符合生产纲领要求，能否担负生产纲领所规定的生产任务等，并于1972年10月报送《红山厂基本建设验收总结报告》。1973年3月，五机部在河南南阳地区召开基本建设竣工验收工作会议，明确验收工作要求，颁发验收工作细则，明确验收时间以1973年12月底为截止期。按照新的要求。红山厂在前期准备工作的基础上对有关项目内容进行认真细致的核查，并在全厂职工中开展建厂史教育。

其次是验收复查。1973年5月23日至6月8日，由重庆兵办、四川省第五机械工业局和总厂（长江电工厂）联合组成验收复查组，对工厂基本建设竣工验收准备工作进行复查。经复查，工厂基本符合验收条件。验收复查组于7月3日向五机部正式报送《基本建设竣工验收报告》。至此，红山厂基本建设竣工验收工作结束，工厂进入生产建设阶段。

二、宁江厂

宁江厂于1971年开始转产定型，但一直未作竣工验收。经过几年生产实践，工厂的基本建设已具备全面验收的条件，才于1974年4月启动工厂基本建设的竣工验收。从验收结果看，宁江厂基本建设情况良好。

一是超标准完成投资额。按上级批准的初步扩大设计及历次变更批复，宁江厂设计总投资额2146.66万元，截止1973年底实际完成投资3212.17万元，超过设计投资额47.64%。超支的主要原因是"文化大革命"的干扰破坏造成停工浪费和材料损失、材料价差，以及原设计概算偏低、"文化大革命"中施工管理混乱等。二是超额完成建筑面积。项目初步扩大设计总建筑面积9.52万平方米，截至1973年底实际完成建筑面积9.76万平方米，其中生产性建筑面积4.34万平方米，非生产性建筑面积5.42万平方米。三是超标准完成设备配备。项目初步设计的设备总台数为1742台（未包括工具、仪器及小型设备）。在施工设计中，为完善补充初步扩大设计的不足，由五机部、五院临时调整增加1413台（包括小型设备及工具、仪器），到1973年底实际配备2671台。四是人员配备未达到设计要求。项目总设计人数为（含火工区）为2807人，1973年底实际配备职工为2283人，下差500多人。五是工程质量基本符合要求。全厂建筑工程及安装工程项目共299个，基本上都合格，没有发现太大质量事故。但试制投产以后，曾先后发现大件、小件、防腐、装配等工房薄腹梁出现裂纹现象，最大缝隙0.25厘米。另外，锻工、铸工工房房盖下沉严重，家属宿舍普遍漏雨，维修量很大。

　　竣工验收中，还发现了一些符合设计要求但在生产实践中需要解决的其他问题。一是部分工程项目还需增加建设和投资。经综合平衡，除工厂自行因陋就简解决一些项目外，尚有37个项目9650平方米、投资额207万元需要补充解决。如动力方面的水、电、蒸汽等按原设计建成的工程项目，经几年生产实践证明都不能满足生产需要，都需要增加投资，以完善使用条件。又如，打靶试验场地没有靠近工厂，现有打靶场运距远、周期长；装配车间成品存放时间长，需要增建成品库房；学校、职工食堂、招待所、厂区保健站等也都需要增加面积。二是部分设备不合生产要求或不能满足生产要求。有的设备在设计之初未纳入计划，如工具车间没有考虑高速内径磨床、座标磨床，不能适应生产需要。有的调入设备型号规格不当需要更换，如大件车间的甩油机，冲压车间的25吨、35吨冲床行程短不能用。工具车间的卧铣不合格。还有载重汽车数量少，不能满足物资运输需要，需增添汽车10台；150门供电式电话机不能满足生产的需要，需增添400门自动电话机，等等。三是火工车间的问题。火工车间建成后，由于长期没有生产，封存设备达6年之久，部分设备已腐蚀严重。根据原设计，火工品须自产自用，后改由华川供应而无须自己生产，因此已建成的火工生产线和工房、设备已无用处。

从国家基建竣工验收结果看，驻南各单位都具备了全面生产的条件，可以进入生产建设阶段。但由于历史条件的制约，部分基本建设仍然存在工程质量、工程数量、工程与生产需要的契合度等方面的问题，各单位不得不在投入全面生产建设阶段后，又陆陆续续对部分基建项目进行改造、改建和新建，直到80年代中期确定迁厂。但从总体上看，各三线企业的基本建设是成功的，既符合上级设计要求，也满足了基本生产、生活的需要，得到了上级部门的充分认可。

第七节　组织民兵修筑襄渝铁路

南川人民不仅全面参与境内的三线建设，还根据上级安排部署积极参加县外公路、铁路方面的三线建设。1970年2月至1972年2月间，南川先后组织3000名民兵参与修建了三线建设重点项目之一的襄渝铁路。

襄渝铁路代号二一〇七工程，东起湖北襄阳（原名襄樊），西至重庆，全长916千米，其中四川段411.3千米。该线路从湖北襄阳出发经丹江口、武当山、十堰、安康、紫阳等地进入四川，经万源、宣汉、达县、渠县、广安、华蓥到达重庆。沿线两岸山高谷深，水流湍急，悬崖峭壁，地势险峻，地质复杂，有桥梁716座、隧道405座。该铁路由铁道兵第1、2、6、7、8、10、11、13师负责修建，四川、陕西、湖北三省组织民兵队伍参与，于1968年4月开始修建，1973年完成铺轨，1979年12月全线建成。据有关资料介绍，1971至1972年施工高潮期间全线共投入部队24万人、民兵59万人。

一、组建民兵团

襄渝铁路的修建分为东段、中段、西段三大段，由成都军区、兰州军区、武汉军区以及四川省、陕西省、湖北省调集部队和民兵施工，其中成都军区、四川省联合成立了西段铁路工程指挥部，负责修建重庆至高滩全长453千米的铁路工程。其中南川县负责修建渠县三汇镇至大竹县庞家嘴段，约5千米。根据上级指示，南川组织了一个民兵团共3000人参战，由县武装部副部长李继如任民兵团团长，武装部副政委谢阳春为政委，县革委副主任陈光辉为副团长，县革委副书记吴耀臻为副政委，高绍贵任团政治处主任。民兵团设司令部、政治处、后勤处和卫生队（司令部、政治处和后勤处后改为指挥组、政工组、后勤组），下辖3个营，各营下设连队，连下设4个排，排下设3个班。

第一营由鸣玉区、水江区、城关区共1040人编成，周加臣（现役军人）任营长，郑勉任政治教导员。辖1—7连，连长、指导员分别由公社武装部部长和革委会副主任担任。第二营由大观区、南平区1000人编成，舒其伦（现役军人）任营长，曾祥开为政治教导员。辖8—13连。第三营由城一区、大有区、小河区及先锋公社960人编成，余清荣（现役军人）任营长，何同清为政治教导员，辖14至20连。其中有女民兵300人，单独编成7连、13连、20连。3000民兵加上150余名民兵团机关及各营、连干部，实际人数为3150余人。

民兵战士多是青年农民，也有知青、脱产干部和退伍军人。对农民来说，这是一次难得的"锥处囊中"成长机会。在那个特殊的时代，农村人摆脱困境的"读书、当兵"两条出路，只有"当兵"一条。对农民子弟来说，参加修筑襄渝铁路也就是"当兵"。因此，尽管住篾席工棚、睡大通铺"猪儿窖"，夏天战高温、冬天斗严寒，吃的"老梭边"、固体酱油，肩挑背磨无所谓，干的都是超重活，每月只有300个工分和15元生活费，还要自行准备锄头、扁担、衣被、草鞋等需个人物品，大家都无怨无悔。如二连战士顾云生争取到修筑襄渝铁路的机会后，不仅历练了身心、贡献了力量，还因此收获了爱情：

> 1970年初，老三届的我从南川中学回乡已一年。几度彷徨，几分迷茫。难道我也只有这样了无声息地过日子，重复父辈面朝黄土背朝天当一辈子农民吗？……我就是不想窝在家里，想到外面去闯闯。我相信父亲说过的一句话："人不出门身不贵，火不烧山地不肥。"就这样，我就成了修建襄渝铁路的一个民兵。
>
> 5月初的一天，我们坐上汽车早早离开南川向大竹县进发。

第三章 三线基建的启动与陆续完工

我们30多人带着行李坐在解放车不大的车厢里，显得很是拥挤。车子行驶在土路中尘土飞扬，会车时眼睛都不敢睁开。我们的身上和铺盖卷都布满了灰尘。这时，我用油布包裹着的背包，其防尘的优势就显现出来了。天快黑时到达了目的地，我们连被指定暂住在半坡上几户人家腾出的屋子。我们二十多人在一间屋子里打地铺，我那张油布再次发挥了铺在土屋地面上防灰防潮的作用。

不久，我们连就在离铁路工地很近的地方，州河上边的公路里面搭建了3个工棚。那是以楠竹搭框架，篾席围钉四周，顶盖油毛毡的棚子。棚内中间是通道，两边仍以竹木搭建了一排长长的通铺，一个棚子就住了40来人。华蓥山的州河河边，夏天气温高达40来度，极度高温的中午，棚子就是一个大蒸笼；到了冬天的夜里，接近零度的气温又伴着河风，棚内又恰如一个大冰窖。整天劳累的我们，就在这棚子里睡"猪儿窖"。汗臭、屁臭、鞋袜臭，我们毫不在乎；风声、雨声、打鼾声，我们都已经习惯。

当年在经常学习教育的同时，还运用各种各样的宣传鼓励形式：各个级别的表彰、奖励，每天、每周、每月、每季、每年的表彰先进，记功、入团、入党、招工、招干，评选"四好连队"、"五好民兵"等。

凭着年少气盛，在一个又一个"大会战"的日子里，我们满脑子只有工程进度。管它什么规则，枪声刚响过，不管毒烟弥漫就冲了进去。为了抢进度，为了竞赛夺红旗，我们与别的连队比，与铁道兵的连队比。人人写决心书，连与连、排与排、班与班开展流动红旗竞赛。于是乎，我们的工棚上一次次地贴上了大幅的决心书、挑战书、应战书。

听到要在我们民兵团征兵的通知，我立刻去报了名，在庞家嘴接受了部队接兵干部的目测和团卫生队的初检。几天后，去渠县三汇镇涪陵民兵师医院做了全面的体检，回来后又填表进行政审，我被正式批准入伍了。在这期间，我还收获了一份爱情。经人介绍，我与石墙公社来到7连（女子民兵连）的杨德碧相识。

· 67 ·

当兵入伍后，我们以书信交往了几年，直到1979年我参加对越自卫还击作战后才在部队结为夫妇。[①]

为强化队伍管理，激励民兵斗志，南川民兵团在团级和营级分别成立临时党委、团工委，连队和机关分别成立支部，共有临时党委4个、党支部23个、团工委4个、团支部21个。期间还发展党员67人，其中女党员1人；发展团员402人，其中女团员86人。两年下来，先后有立功民兵21人、授奖880人，涌现"四好连队"5个、"四好排"21个、"四好班"85个、"五好民兵"1071人。

二、组织宣传队

1970年7月，南川民兵团还组建"民兵团毛泽东思想业余文艺宣传队"，在各营、连队挑选抽调民兵22名（男12人、女10人），设队长、副队长、指导员各一人，通过放电影、写标语、办黑板报、组织汇演等，极大鼓舞了民兵的斗志。宣传标语有"备战备荒为人民""一切为了打仗""一不怕苦、二不怕死完全彻底为人民""争时间、抢速度，早日修通战备路""奋战××天，砌好大桥墩""下定决心，不怕牺牲，排除万难，去争取胜利"等，业余文艺宣传有独唱、对唱、相声、快板、群口词、三句半、荷叶、金钱板、歌舞、器乐独合奏等形式。

团部的宣传队成立后，每两个月要赴各连队巡回演出一次，同时还为解放军部队、其他民兵团以及当地农民群众演出。1971年下半年，宣传队还返回南川，在县城鼓楼坝、各区公所所在地以及宁江厂、五七煤矿、南平水泥厂等汇报演出。演出的节目主要是自编自演的舞蹈《向首长和同志们问好》、表演唱《襄渝路上炼红心》、歌舞《军民鱼水情》《总评之前》、表演唱《歌唱英雄吴光才》《歌唱革命老人吴海成》和各营连的好人好事等。还有文艺刊物上选编歌剧《苦苦菜》、对口剧《一个破碗》、歌舞《站在工地望北京》《铁道民兵心向党》《欢迎亲人解放军，野营来到雪山下》《红太阳颂》《金珠玛米亚古都》《鲜红的哈达献来人》《永远紧跟红太阳》《铁

[①] 原南川民兵团二连战士顾云生：《难忘修建襄渝线》，载《口述南川党史》，2021年。

道兵志在四方》等。

1970年初刚上场不久,生活很艰苦,特别是吃不上新鲜蔬菜,每人每顿半斤米的饭都吃不饱,工地地处山沟峡谷,土地贫脊,天气又热,出现少数民兵偷跑回家的现象。特别是8月14日南平连吴光才在打隧洞时不幸牺牲,更引起了连锁反映,民兵们的士气极度低落。宣传队立即组织谱写了《歌唱英雄吴光才》等歌曲到各连队宣传演出,对民兵们震动很大。与此同时,团里和各营、连都大抓民兵生活,大种蔬菜、养鸡、养猪等,不断改善大家的生活,从物质和精神两个方面稳定民兵情绪,从此杜绝了逃跑,促进了工程质量和进度。[①]

三、艰苦建设

南川民兵参与建设的渠县三汇镇至大竹县庞家嘴段工地在大巴山地区,全长5千米,有隧道3个、桥梁4座。除8个连队配合铁道兵部队施工,其余12个连队为独立施工。其中独立施工部分为3座大桥,即大桥沟大桥、三滩大桥和头滩大桥。大桥沟大桥全长83.84米,四孔三墩二台,最高桥墩9.32米,基础土石方1709立方米,浆砌镶面块面及片面圬工419立方米,砼及缸圬工248立方米,灌注梁三孔,于1970年7月20日动工,提前10天完成工程任务。三滩大桥全长87.83米,三孔两墩二台,最高墩20.6米,基础土石方1240立方米,浆砌镶面块面及片面圬工612米,砼及缸圬工304立方米,于1970年8月10日动工,提前14天完成工程任务。头滩大桥全长78.93米,二孔一墩二台,墩高23.10米,提前13天完成工程任务。

南川民兵团生产生活条件艰苦,与当时国家、省、地、县相对落后的经济发展水平有关。由于工程量太过庞大,他们消耗的物资情况也十分惊人。两年间,南川民兵团先后消耗工程物资钢材22吨、铁轨1000条、铅钉铅丝12吨、铁抓钉8吨、螺栓1.5吨、电线1.98万米、电器材料1383件、木材153.65立方米、圆木及板材265吨、竹子115吨、竹席7269根(床)、水泥570吨、水管配件774吨、条石424立方米、卵石1149立方米、砂766立方米、油毛毡6097卷、油类17吨、灯泡1926个、自制铁工

[①]《南川市文史资料》第14辑,第66—67页。

具 9480 件、木工具 1.05 万件、劳保用品 1.87 万件、箢箕 6537 挑、其他竹器 3696 件、草垫 6.5 万米、其他物资 2.59 万件，消费生活物资蔬菜 124.98 万斤（含自种菜 57 亩、约 30 万斤）、肉猪 487 头（共计猪肉约 4.3 万斤，含自养猪 145 头）、自采中草药 345 种（约 6.17 万斤）。

襄渝铁路是按国家一级铁路标准，以"进山、分散、进洞"的战备需要设计的，穿山多、进洞多、桥梁多、蹚水多、风险多，搞不好就会有流血、受伤甚至牺牲。民兵们没有经过严格训练，技术不熟练，规避风险的意识和能力不强；砌桥墩抬石料全部靠人抬肩扛，打隧道还没有隧道掘进机，多是靠人工打眼放炮。1970 年 8 月 14 日，二营八连三排副排长吴光才在龙家嘴隧道的拱圈架上转运石头时，因顶部石头掉落，献出了年仅 27 岁的生命。

> 修建襄渝铁路期间，我们南川民兵团也牺牲了 19 人。八连吴光才就是平凡民工中的英雄。吴光才牺牲后，他的父母送来弟弟吴光灿、妹妹吴光珍接替哥哥。这就是我们无愧于特殊年代的兵团战士，无愧于金山凤水的南川人，无愧于真正的南川三线人。[①]

南川县民兵团临时党委召开追悼大会隆重悼念吴光才烈士，表彰他"一不怕苦，二不怕死"的革命精神，追认他为中共正式党员。会上，吴光才的父亲吴海成把小儿子吴光灿、女儿吴光珍带到民兵团，他们替哥哥继续参加襄渝铁路建设。

四、成长升华

襄渝铁路是热血沸腾的战场，又是一座大熔炉，一所大学，一所青年干部培训学校。无论是青年农民、城乡知识青年、退伍军人，还是县区公社干部，参加三线建设的都能在思想上、精神上、体能上、技术上受到锻炼，得到成长，为各自的精彩人生奠定了坚实基础，也为各级组织培养了一大批中坚骨干力量。

襄渝铁路完工后，兵团女战士谭永珍、陈碧容、贺秀丽、杨家淑、陈维容、张昆容、汪现碧、苏仕英等被招聘为各区、公社妇女主任，其中谭永珍后

[①] 2021 年 8 月，原南川民兵团十连战士周厚明口述。

来曾任涪陵地委副书记等职,二十连女连长陈碧容曾任南川县委副书记。兵团二营统计员曾祥初回到南川后被招收为乡村教师,后调涪陵地委办公室,曾任武隆县人民银行行长等职。十连党支部书记周厚明进入南川县财税局、县电信局、县委办公室、县农工部、县水电局等工作,曾任南川县水电局党委书记、局长。二连民兵顾云生在修建襄渝铁路期间应征入伍,曾参加老山前线作战,以正营级干部退伍返乡后,先后担任宣传部副部长、广播电视局局长、党校常务副校长等。十连民兵周贵云应征入伍走上青藏高原,从战士、炊事员成长为武警西藏总队后勤部长、武警四川总队副总队长。苟方成曾在北京军委通讯团、军邮总局、中央办公厅机要交通总局、南川县农工部工作,从襄渝铁路建设工地回到南川后调到红泉厂担任供应处党支部书记、工会主席等职。苟方成深有感触地说:"我从小三线到大三线,都是一个最基层的兵团战士和国防厂兵工战士。但是我越干越觉得,一个伟大的三线人就是一个平凡的干事人。"

第四章
三线企业的建制变迁与机构设置

  与一般企业不同的是，三线企业到达南川后即参照老厂迅速建立了成套成熟的管理系统，它们的组织管理模式既有老厂的传统痕迹，也有国防军工单位的独有特点，同时也掺杂了时代的、南川某些地域的特征。

第一节 驻南三线企业的建制变迁

基建完成后，南川境内的三线单位的建制形态、工厂性质、隶属关系等也基本明确。因为多数驻南三线企业系新建单位，其名称、建制等方面都有逐渐调整适应的过程[①]。

一、红山厂

红山厂隶属原第五机械工业部，后隶属中国兵器装备集团公司。第一厂名"重庆精密铸造及有色金属铸造厂"，第二厂名"国营红山铸造厂"。1992年改名为"四川红山铸造厂"，1999年12月并入重庆大江车辆总厂成为"重庆大江车辆厂重庆特种车辆制造厂红山压铸分厂"。据说当年选址时，永安公社向家沟周围山上长满了"映山红"（杜鹃花），每年4至5月开花时期就会满山红遍，选址人员"触景生情"而命名[②]。通讯地址为"重庆6546信箱"，1973年改为"南川6846信箱"。电报挂号原为"南川县6546"，1973年改为"重庆市6546"。电话总机"万盛71491"。党政关系原属重庆市领导，后划归涪陵地委，1978年划还重庆市。截至1985年，占地面积22.2万平方米，总建筑面积9.4万平方米，拥有设备817台（套）；有职工1618人，其中管理人员197人，工人917人。

二、宁江厂

宁江厂隶属原第五机械工业部，后隶属中国兵器装备集团公司。第一厂名为"大口径炮弹引信厂"，第二厂名为"国营宁江机械厂"。1992年

[①] 部分数据截至1985年。
[②] 红山厂选址向家沟是在1966年秋，1966年11月南川县人民委员会向四川省呈送《关于红山铸造厂建设征用土地的报告》已明确"红山"之名，则选址人员当时所见只有杜鹃植株，而非杜鹃花。所谓"触景生情"，或是见植株而想象花朵。

改名为"四川宁江机械厂",1999年迁成都后更名为"四川宁江精密工业有限责任公司"。因为老厂东北机器厂驻地是辽宁沈阳,新厂驻地为南川水江,取"辽宁"的"宁"字和"水江"的"江"字,新命名为"宁江"。通讯地址为"四川省南川县6841信箱",电报挂号"重庆南桐3834"。截至1985年,工厂占地面积71.55万平方米,拥有各类设备1655台;有职工2593人,其中干部657人、工人1936人。

三、天兴厂

天兴厂隶属原第五机械工业部,后隶属中国兵器装备集团公司。第一厂名暂无考(或为"某某引信厂"),第二厂名"国营东方红机械厂"。1980年5月改名为"国营天兴仪表厂",1992年5月改名"四川天兴仪表厂",1995年9月改名"成都天兴仪表(集团)有限公司"(子公司"成都天兴仪表股份有限公司"),股票代码"000710"。"东方红"之名当来源于其老厂"东方机械厂"。"天兴"或源于该地"天生桥"(后衍为"天星桥")并新建"天星大队"而得名。截至1990年,占地面积35.9万平方米,建筑面积10.5万平方米,拥有各类设备1187台;有职工2771人,其中工程技术和管理人员510人。

四、七〇一二工地

七〇一二工地是第六机械工业部第七研究院第七一一研究所的迁建工程。国防部第七研究院成立于1961年4月(第一任院长为刘华清),1963年更名为国防科委第七研究院,1964年12月改称第六机械工业部第七研究院,1968年改称"中国人民解放军第七研究院",1970年又改隶国防科工委,1975年又归属第六机械工业部,现为中国船舶集团第七研究院(中国舰船研究院)。其"十一所"创建于1963年,为第七研究院下属单位,1965年改为"第六机械工业部第七研究所第十一研究所",1968年改称"中国人民解放军第七研究院第十一研究所",1976年至1978年改为"第六机械工业部第七研究所第七一一所",现为"中国船舶重工集团公司第七一一研究所",又名"上海船用柴油机研究所"。

第七一一所在南川的迁建工程,最初名为"中国人民解放军南字816

部队七〇一二工程",1976年2月基建基本完成后改为"第六机械工业部第七研究所第十一研究所七〇一二工程",约在1977至1978年3月间改为"第六机械工业部第七研究所第七一一研究所七〇一二工地"。南川当地俗称其为"七〇一二厂",也有称"永红"厂的[①]。因第七研究院的级别为兵团级,第七一一所的级别为师级,在当时驻南川三线企业中级别最高、待遇最好。

五、庆岩厂

庆岩厂隶属原第五机械工业部,后隶属中国兵器装备集团公司。第一厂名或为"大口径火炮炮车厂",第二厂名为"国营庆岩机械厂"。1992年改名为"四川庆岩机械厂",1997年9月并入重庆大江车辆总厂成为"重庆大江车辆厂庆岩底盘分厂"。"庆岩"之名或来源于其老厂"庆华工具厂"。截至1990年,有建筑面积14.77万平方米,各种工艺设备1363台;有职工2870人,其中专业技术人员676人。

六、红泉厂

红泉厂隶属原第五机械工业部,后隶属中国兵器装备集团公司。第一厂名"高射炮电器传动器厂",第二厂名"国营青泉机械厂"。1968年11月改名"国营红泉仪表厂",1992年改名"四川红泉仪表厂",1995年3月改名"重庆红泉仪表厂",1999年12月并入重庆大江车辆总厂成为"重庆大江车辆厂红泉仪表分厂"。通讯地址为"重庆市6551信箱",1978年1月改为"四川省南川县6842信箱",电报挂号为"南川县4001"。其初始厂名"青泉机械厂",或因其老厂之一为重庆璧山青山机械厂,新厂址在南川金佛山脚下原"三泉公园"一带,后来又顺应潮流改"青"为"红"。截至1985年,有总建筑面积10.46万平方米,各类设备860台;有职工1689人,其中干部435人、工人1044人、其他人员210人。

---

① 《南川县商业志》,1986年12月,第160页。

第二节 领导体制的变迁

领导机关是一个单位的中枢。各驻南三线企业的领导体制大体相同，只有七〇一二工程稍异。三线建设期间正处于风云变幻的时代，各单位的领导体制也经历了一系列复杂变迁。

一、红山厂党政机构的变迁

三线企业最初始的领导机构，是在老厂成立的"新厂生产准备工作小组"，也就是后来的"新厂工作办公室"（简称"新厂办"或"新办"）。"新厂办"主任、副主任由老厂领导担任，其中一名副主任派驻现场任现场副指挥长。以下以红山厂为代表作介绍。

巡山选址完成之后，规划设计启动之初，各单位即成立由老厂负责人、地方领导干部、施工单位负责人组成的现场指挥部，统一指挥协调基本建设工程。1967年10月17日，经重庆市委基建政治部批准成立红山厂建设现场党委和政治处，由厂干部王鸿昌任党委书记，施工部队车庆喜任副书记，委员有施工部队干部孙德胜、厂干部李永良和王新华、南川县副县长陈光辉等。同日，红山厂成立红山厂建设现场指挥部，由施工部队干部孙德胜任指挥长，厂干部李永良和王新华任副指挥长，后改由鲁兴旺任指挥长，增补施工部队杨玉恒任副指挥长。现场指挥部在党委领导下，统一负责现场的党政工作和建设施工。

"文化大革命"期间，红山现场一度陷入混乱状态。1968年10月，四川省军区派遣的涪陵军分区周宗成、胡端华、白宏基等三名"军管"人员在红山厂成立"军管会"，由周宗成任主任，"军管会"主任同时兼厂党委书记，宣布正式对红山现场实行"军管"。1968年12月16日，红山厂成立由领导干部、军队干部和群众代表"三结合"的厂"革命委员会"（简称"革委会"），王新华任主任[①]，周宗成等任副主任。1969年9月18日，解放军总后勤部派遣14名军队干部前来红山厂接替涪陵军分区"军管"人员，由赵金池任"军管会"主任兼厂"革委会"主任，刘杰任"军管会"副主任兼厂"革委会"副主任。1971年2月11日，红山厂"革委会"核心小组成立，赵金池任组长，王鸿昌、刘杰、王新华等任副组长。一般来说，"军管会"及"革委会"并存时期，党委书记和"革委会"主任都由"军管会"主任担任，各业务科室均由"军管会"成员管理。1970年6月至1971年6月，厂"核心小组"开展"整党建党"，组织开展党员登记、恢复党员组织生活、建立党支部等工作。1971年7月3日，红山厂召开首届党员代表大会，选举产生红山厂第一届党委。从此全厂党员、职工在厂党委领导下开展生产工作。1973年6月，"军管会"撤离，红山厂的管理权正式回归工厂。

关于"军管"，最具戏剧性的是宁江厂。1967年4月7日，涪陵军分区7822部队崔某某等10人进入宁江厂实施"军管"，同年八九月初被召回军分区学习，"军管会"事实上撤出了宁江厂。1968年1月6日，重庆炮校欧阳某等6人来宁江厂宣布实施"军管"，4月10日欧阳某等4人返回炮校学习，其余2人则于同月11日被遣送出厂。直到1969年9月成都军区派遣宋某某等12人再到宁江厂，"军管"才得以继续实施。

1978年11月，红山厂撤销"革委会"设立厂部，原"革委会"主任改任厂长、原"革委会"副主任改任副厂长，开始实行党委领导下的厂长分工负责制。1979年2月23日，红山厂首届职工代表大会召开，党委领导下的职工代表大会制度正式建立。职工代表大会闭会期间，由厂工会代行职工代表大会常设机构的职能，在推行（厂、车间、班组）三级民主管理等方面发挥了重要作用。1984年，红山厂开始试行厂长负责制，改革企业管理体制和人事制度，行政中层以上厂管干部由厂长提名并征求党委意见后直接任命，干部实行聘用制和任期目标制，厂长职责范围内的事务不再由党委讨论决定。

---

① "革委会"主任也有由"军管会"主任兼任的，如红泉厂。

二、驻厂军代表

驻厂军代表是三线军工企业的一大特色，主要是为了保证解放军部队能够按照国家计划得到质量优良的军事技术装备，同时密切军队和工厂的关系。军代表的主要职责，是代表军队入驻工厂，履行军队检验、验收军用产品并实施质量监督，也是军队派驻工厂的联络员。具体来说，有几个方面的任务：代表中国人民解放军按照批准的产品图和技术条件检查、验收已定型的计划合格产品和备件；参加工厂新产品的科研试制，提出产品图技术条件时修改补充意见；当好工厂党委向广大职工宣传军工产品质量方针、停产产品工装封存、战时动员恢复产品生产的助手；了解和反映军品生产的成本。

以宁江厂为例。1968年12月，中国人民解放军总后勤部驻重庆办事处组建筹备组，负责筹建宁江厂驻厂军事代表室。筹建阶段的筹备组由一五七厂军事代表室领导，主要了解工厂基本建设、生产准备和设备安装进展、产品转产定型等情况，参与靶场实验、生产准备和产品检验等工作。宁江厂生产准备具备一定条件后，驻宁江厂军事代表室于1971年1月正式成立，由李青岭任总军事代表，原筹备组三名干部任军事代表，共同组成军事代表室，编制为团级。后来，又增设副总代表和办公室助理员等，其编制最多时达到15人。

驻厂军事代表室本着对部队、对工厂负责的精神，在把关监督中起了很好的作用。他们深入车间，密切配合工厂把好质量关，哪里出现产品质量问题和生产关键问题就到哪里了解情况，主动与工厂技术人员共同研究解决所发生的问题。属于材料问题的，他们就和工厂一起到生产厂家反映情况，协调解决有关质量问题。

第三节　内设机构的演变

随着时代的变迁，驻南三线企业的内部行政组织结构和组织形式有较曲折的演变过程。从各级机构名称的变化到管理层级的调整，不一而足。每一次调整，都有鲜明的时代特征。

一、现场指挥部时期

首先是现场指挥部时期的组、科、队、场，以及连、排、班结构。进入"革委会"时代改设机关"三组一室"（政工组、生产指挥组、后勤组、办公室）和基层连队（如工具连、供运连、理化检验连、修建连、精铸连等）。

以红泉厂为例，其现场指挥部时期设有2个组、11个民工连队。其中施工组主要负责材料、运输、施工、民工、库房管理，办事组主要负责组织、人事、行政、技术、财务、文书、机要、宣传等事项。

二、"革委会"时期

红泉厂于1968年11月成立"革委会"后，下设4个组、11个连队，其分工更细，连队也不再局限于民工连。4个组：政工组负责宣传、干部、武装、保卫、文体、青工等；生产组负责统计、计划、财务、人事、调度、技术、采购等；后勤组负责总务、医院等；办事组负责行政、秘书、收发、机要等。连队有一连（一机加工车间）、二连（二机加工车间）、三连（三机加工车间）、四连（总装车间）、五连（表面处理车间）、六连（木模、铸造车间）、七连（工具车间）、八连（工程施工）、九连（机动维修）、十连（汽车运输）、十一连（供应）。随着基建和生产的发展，办事机构几经变化，"组"后来改为"部"，"部"以下设"科"，但连队基本未变。

七〇一二工地相对比较特殊，虽然已基本完成基建，但未正式投产，所以未设置更细化的单位。其内部长期下设6个组：政工组、办事组、生产组、后勤组、器材组、施工组。

三、厂部时期

1978年,各厂"革委会"改为厂部后,连队和部、组、室建制被取消,恢复了车间、科室。1980年代以后又将"科"改为"部",再撤销中间层直接由厂部领导科室和车间,再往后"科"升格为"处"。以下以1985年的宁江厂、红泉厂、红山厂、七〇一二工地为例,介绍其内部机构设置情况。

红山厂设有厂部办公室、劳动人事科、财务会计科、企事业办公室、三线规划办、经营计划科、供应运输科、科研所、总工程师办公室、技安环保科、工具科、技术科、检验科、生产调度科、101车间、102车间、104车间、行政总务科、房产修建科、卫生科（计生办）、教育科（电大、职工学校）、子弟校、保卫科（警卫队、消防队、调解委员会）、劳动服务公司等。

宁江厂设有组织科、宣传科、保卫科、办公室、工会、团委、武装部、生产计划科、检验科、供运科、人事劳资科、技术科、财务会计科、技安科、援外办公室、401车间、402车间、403车间、404车间、405车间、406车间、204油库、501车间、502车间、503车间、计量室、理化室、601检验室、602检验室、603检验室、604检验室、605检验室、行政总务科、房产修缮科、教育科、中学、小学、医院。

红泉厂设有厂办、财务科、全质办、检验科、总务科、人劳科、打经办、基建科、技安科、材运科、机动科、工具科、开发办、计调科、技术科、一车间、二车间、三车间、四车间、五车间、六车间、调解科、保卫科、教育科、子弟校、医院、大集体。

七〇一二工地设有办公室、政工科（负责保卫、宣传、组织、人事、劳资、学校、托儿所）、生产科、施工科、器材科、财务科、行政科（负责食堂、医院、营房、营具）、汽车队、车间（未生产）。

第五章
职工内迁和就地补充

　　三线建设不仅是西部三线地区最大规模的经济社会开发过程，也是重要的人员流动、阶层流动、文化流动过程，其中流传最广的是"好人好马上三线"，对三线地区来说则是"有志青年进三线"。三线企业职工来源的多样性及构成的多层性，显示了三线建设的广泛社会基础和群众性。

第一节　职工调配与举家内迁

职工及其家属内迁，是三线建设时期最突出的现象，也是坊间三线研究的热门乃至中心话题。驻南三线企业职工和家属的内迁，伴随了工厂基建、生产的全过程，并不局限于某一阶段。大规模的内迁主要发生于基建基本完成，职工宿舍和家属宿舍初步到位，即将进入生产阶段的时期。

一、职工调配

驻南三线企业的首批和核心干部职工，是相关主、副包建厂选调配备的人员。除红山厂主要是重庆地区人员外，其他单位的首批干部职工主要来自东北、内蒙古和上海。天兴厂和七〇一二工程调配职工情况不详，以下介绍宁江厂、红泉厂、红山厂、庆岩厂的情况。

宁江厂干部职工调配，除党委书记肖景林由三〇四厂调配，政治处主任崔玉民由五三厂调配，其余均从七二四老厂抽调配备。从老厂调配人员迁往新厂，既复杂又麻烦。一是要挑选适合参加三线建设条件和新厂工作急需的骨干，二是本人要有参加三线建设的积极性。到1965年9月20日，宁江厂从老厂调配干部和工人157名，其中立即到新厂报到的88人，暂留新厂办公室工作的69人。1966年3月，新厂办公室根据现场"歼灭战"施工项目的安排和生产试制的需要，与老厂协商调配干部和工人690名，从车间到生产班组，按工种、工序逐个落实了人员名单。其中大件、小件、机修、工具几个主要车间最先落实。人员调迁过程中，还出现一些新问题。有的到现场以后环境不适应、生病，有的家庭生活困难多、思想波动大。经过再次同老厂协商解决，进一步落实应调人员710名，包括随带女职工203名。到1966年末，实际从老厂调来技术工人570名，招收亦工亦农性质的轮换工和合同工409名，其中厂级干部6人、中层干部54人、政工干部45人、管理骨干193人、技术人员73人、生产骨干512人、服务性人员 77 人。

红泉厂第一批 7 名干部于 1966 年 5 月从四四七厂调来，到同年底已调干部 105 名。至 1969 年底，到达现场的职工增加到 446 名，其中干部 197 人、工人 249 人。

庆岩厂的早期领导班子由六二六厂副厂长刘守信、党委副书记张洪斌等于 1966 年 5 月牵头组成，同年调来职工 100 名。1967 年，又调来职工 180 名。六二六厂在两年间共支援庆岩厂职工 280 名。

红山厂首批建厂人员有王保生、王新华等 22 人。1966 年 10 月 16 日，七九一厂副厂长王鸿昌到南川任现场党委代书记，同月 17 日现场指挥部成立，行政、生活等业务由老厂调来的 10 名干部负责。1966 年从七九一、二九六、四九七等厂抽调干部 41 人，至 1970 年共抽调干部 113 人。普通职工方面，于 1967 年 4 月从七九一厂、二五六厂、二九六厂、四九七厂、四五六厂、四四七厂等 6 个老厂抽调技术骨干 150 名，1968 年又从老厂调来技术工人 222 名[①]。

三线企业职工多来自北方，他们独自离开家乡，历尽曲折才走到南川并立即安顿下来，在"进山""进沟""钻洞"之际充满了理想、自信与自豪：

我是天津人，解放前只读了小学。刚解放时的 1950 年结婚。1953 年，党派我到北京清华大学附中工农速成中学学习，属于带薪读书。1957 年高中毕业，没办法安静学习了，就回到天津继续工作。1958 年，清华大学附中速成中学来函要求我回校复习考大学，我又回到学校。复习完后，没有通过考试，就直接保送北京工业学院学习。1963 年毕业后分配到西安八四四厂工作，我在厂实习一年后，任装配车间技术组长，后任政治指导员。

我是 1966 年 10 月份到的天星沟，属于第二批到天星厂的人，我进沟的时候 34 岁。进沟的人都是领导定的。领导把你叫去谈话，说把你调到那里去，什么时候报到，就这些。那个时候的人，一切行动听指挥，不会讨价还价，党叫干啥就干啥，调令一下，背起行李就走了。

---

① 《红山厂厂史》，1987 年 10 月，第 11 页、12 页、263 页。

当时已有从南川到小河的公路，但从三汇到天星沟没有公路。天星沟的农民封闭在山沟里，种水稻和苞谷，过着自给自足的生活。七十二洞有一所小学校，天星沟的孩子们就在那里读书。从天星沟到三汇，是沿着河边走，走到天星洞的时候，河边不能走了，就从河边爬到天星桥①上，走到对面的山坡上，再下到河边，沿着河边走到三汇，才可以坐上到南川的客车。天星沟的农民连几千米外的三汇公社都很少去，从天星沟通往三汇的小路基本上都被杂草遮挡了，很不明显。那个时候，三汇公社也只有靠山的一条小街，是我们建厂后，劈开了三汇后面的山，劈开了通往天星沟的两座山，才修成了通往天星沟的公路。建厂的时候，厂部办公室设在三汇公社，其他人员住在农民家。那时候，从三汇公社走到七十二洞，大约需要两个小时。

刚到天星沟的时候，我负责搞基建，三通一平（通路、通水、通电、平地）。1966年底在天星沟入口处修建了500平方米的干打垒平房，作为最早的新厂指挥部办公和住宿的地方，后来那个地方就取名"五百平"。新厂指挥部有厂办公室、财务科、行政科、组织科、保卫科和宣传科。当时厂级领导有盛金福（厂长）、于仲才（副厂长）、王学告（党委书记）、屈正武（政治部主任）等人，党办主任是严振林，保卫科科长是孟景学，宣传科科长是侯钰，财务科科长是杜在亮的父亲，行政科科长是张永昌，组织科科长是贾绍全。接着修了十多栋干打垒住房，包括老商店这片4栋，粮店后面5栋，学校后面4栋。

1968年，我爱人和几个孩子从天津一起来到天星沟，我们一家人才团聚了，结束了长期的两地分居生活。②

二、家属搬迁

因为基建最早启动、最早完工，宁江厂于1966年6月就结合基建施

---

① "天星桥"本名"天生桥"，或因天兴厂抵到该地区后以讹传讹，遂有了"天星桥""天星沟"等系列地名。
② 原天兴厂党委书记宋世忠口述。

工情况、生产准备情况以及上级"三个当年"（当年设计、当年施工、当年投产）等要求，同老厂协商制定了职工家属搬迁工作方案，并于同年 7 月份开始陆续组织职工家属由老厂搬迁到新厂。以下以宁江厂家属的搬迁为例，介绍其主要流程。

当时宁江新厂已建成家属宿舍 23 栋，另开工的 10 栋预计在三季度完成，已购进双人木床 400 张、单人木床 950 张，主副食、日用生活必需品的供应也准备就绪。现场党委成立搬迁领导小组，下设宣传教育、生活安排、客货运转、安全保卫、先遣等 5 个工作小组，北京、重庆、万盛 3 个联络站。与此对应，老厂成立了搬迁办公室，负责具体的思想教育、客货运输、粮食和户口迁移证明、困难户救济、搬迁护送等。新厂搬迁领导小组和老厂搬迁办公室通力协作，保证了从大东北到大西南的长途迁徙顺利进行。

1966 年 6 月，南川县委从宁江厂借用 20 名干部参加农村"四清"工作队，其中有部分是需要回家搬迁的。为解除该部分职工的后顾之忧，宁江厂党委决定这些人先搬迁。于是，杜国顺、白崇仁、叶永春、冯玉成等 9 人于 6 月上旬离开现场回沈阳老厂，于 7 月 6 日顺利返回现场。这批搬迁和调迁共 15 户。这是南川三线企业的第一批搬迁，也是搬迁试点。

宁江厂大批集体搬迁工作是从 1966 年 9 月开始的，以分组方式进行，每个组抽调 20 多人为工作人员。自 9 月 29 日开始，每周从南川现场出发一个搬迁组，到老厂后再分成 2 个小组，每个小组负责 10 多户家属。搬迁组与老厂搬迁办公室、新厂搬迁工作先遣小组配合，每 3 至 4 天从老厂出发一个小组，中途在北京、重庆接待站各逗留 3 天，10 天左右即可到达南川宁江厂现场。家具、行李等物品基本也能同步进入现场。截至 1967 年 2 月，除单身职工外，先后有 420 多户职工及其家属从沈阳老厂搬迁到南川新厂。

当时搬迁的职工特别是家属，对从大东北迁往大西南、从大城市迁到深山沟还是顾虑重重的。一是担心交通不便，以后往来困难。当时正处在"红卫兵"串联高潮时期，火车取消卧铺，硬座不对号入座，就更增加了不便。二是远离故乡，水土不服、生活不习惯，有的想从家中带黄土，有的甚至还想带上煤坯。职工刘发的爱人 10 天前刚做完阑尾炎手术，刘敬业的爱人患有严重的肺结核。经过工作人员耐心细致的思想工作，她们都以大局为重，克服自己的困难，按时搬迁到了新厂。

搬迁途中，有关工作人员每次都派人提前到辽阳车站上车，为从沈阳上车的职工家属找好座位。在北京中转上火车时，接待站的工作人员也同样千方百计提前进站找座位、铺位，为搬迁人员创造好的条件。接待站还在北京组织搬迁职工家属游览北京名胜，在重庆参观白公馆、渣滓洞、红岩村。到厂后，各批次职工家属都受到现场职工的热情接待与热烈欢迎，生活后勤组为他们提前准备好食宿条件，使他们感到温暖，比较满意。

三、家属安置

职工家属从大城市来到偏僻的山村，虽然有身边的温暖，却也感受到了巨大的环境落差。天兴仪表厂第一任厂长盛金福的女儿盛荣玫曾回忆建厂初期的艰苦：

我父亲盛金福，是天兴厂第一届厂长。河北省顺平县人，1925年生，1939年参加八路军，那年他才14岁。那天晚上，八路军驻进村庄，他和小伙伴去参加了一个动员会，第二天就和小伙伴悄悄跟着八路军走了，就这样参加了八路军。在新兵连集训后，被分到了晋察冀边区兵工业部，参加了中国共产党，一生就跟兵工结上了缘。父亲跟随部队，活跃在太行山区，还进兵工学校学习。

新中国成立后，父亲从山西太原调到北京工作，后又调到陕西西安八四四厂，参加国防厂建设。在1966年那个非常的时期，父亲又响应号召，参加三线建设，举家南迁，到了四川的南川天星沟。

父亲响应号召支援三线建设，带领十几个人参与多地选址，最终选定于南川县三汇乡、金佛山下的天星沟。那是一个原始的深山老林，正适合当时的国情，靠山隐蔽。当时国际国内形势都需要我党建立一批保密工厂，也就是现在的三线工厂，也就是现在人所不知的那段历史。

那是真正的深山老林，杂草丛生，藤蔓遍地，万山重叠，悬崖峭壁，茂密的森林，各种竹子，两山相夹，一条淙淙小溪流向山外，这就是天兴厂的新家园。

父亲他们刚到时,没有住处,就住在三汇老乡家,一盏煤油灯,一张小方桌,几条长板凳,就是办公的地方。山区一到晚上万般寂静,有时从工地上回来晚了,提着煤油灯打着手电走在山间的田坎上,一不小心就会滚到田里,浑身是泥。

蚊虫叮咬数不胜数,坐下休息时,头上就会飞过一大群。老乡叫他们用艾草编成辫子点火熏,可熏走了蚊虫,自己也熏得够呛。第一批进厂的人基本都是一群经验丰富工作责任心强的领导班子。他们很快修起了干打垒房子,在"五百平"上修了个新厂指挥部,又修了两层楼的干打垒宿舍,新厂指挥部的人从老乡家搬进了宿舍,开始了工厂车间的筹划和建设。此时一些老工人和家属也陆续从全国各地调入工厂。

我妈和我家几姊妹于1968年10月也迁到了天星沟。1970年10月第一批新学工进厂,包括我在内共19个家属子弟。11月重庆地区的新学员陆续进厂。我们进厂后开始了拉电线、修马路、修家属宿舍的工作。父亲和其他厂领导带领车间工人,一个山头一个山头地埋电线杆,拉电线,逢山过山,遇水蹚河。[①]

职工家属的安置相对多元,有的职工家属顺利进入工厂成为正式职工,有的家属进入大集体,有的进入子弟校、厂医院等附属单位,有的成为工厂车间的合同工、临时工,有的在厂区附近摆摊设点从事服务业和商业活动,部分职工家属转入地方单位就业。当然,更多的家属没有就业而是长期居家从事家务劳动,部分农村户籍的职工家属甚至迁到了南川当地农村落户。如,七〇一二工程搬迁到南川的职工家属中有一名叫李勤伟的教师,她没有进入七〇一二子弟校,而是被安置在沿塘小学和平大队村校任教,直到随工地迁回上海[②]。1970年8月,庆岩厂在重庆有关厂矿抽调了一批关键性工种的老技工骨干,其中职工家属29户、147人为农村户口,最终就近迁入先锋公社,住房问题则由迁入户自行解决。

[①] 原天兴厂职工刘常琼:《天星回忆录》。
[②] 2022年11月4日,原安坪和平小学教师刘泽书讲述。

第二节　新职工的招聘录用

从老厂调配的干部职工并不足以支撑各三线企业的生产需要，各三线企业还在南川及周边酉阳、彭水、涪陵、武隆等县招聘了大量工人，同时从学校招收了一批大中专学生。作为重点的南川县相继推荐了部分医务人员、中小学教师、汽车驾驶员、建筑技术人员、厨师以及普工、退伍军人等充实三线企业，他们都是当地的青年积极分子和优秀骨干。特别是党员和退伍军人，成为各企业争相聘用的"香饽饽"。这一部分职工的进厂，基本在基建后期及以后，在数量上是三线企业的主体。另外，还有部分通过安置、厂际调动、轮换、顶替等进厂的。

一、招聘安置

各三线企业职工的主力是从周边地区招聘的工人，以及安置退伍军人、下乡知青。如红山厂，在1970年12月至次年1月从酉阳、彭水招收工人628名充实工厂力量。工厂投产后，又新招工人1044名，接收安置退伍军人66人。

第一种，最优先考虑的，是从工厂驻地周边城镇和农村招收一批文化程度较高的城乡青年，由县、公社和生产大队负责推荐，既有利于降低招聘成本和安置成本，有利于把控职工质量，也利于与地方的长期结合。以这种方式进入三线企业的，不少是地方领导干部子女，更多是有初中以上文化程度的普通青年。当然，个别生产大队也会"留一手"，如时年20岁的水江公社梨坝大队团支部书记、中共党员殷文学也很想去宁江厂，遭到大队干部的极力挽留：农村也需要大量的人才，你是大队好不容易培养起来的接班人，留下来建设社会主义新农村吧！就这样，殷文学安心在家做了一辈子农民，直到后来成为三线职工家属。而她的一些同学，特别是大队干部觉得不好管的、不听招呼的"调皮匠"，倒是很顺利地被推荐到宁江厂，有的后来还成了厂里的骨干①。

第二种是退伍军人。那时退伍军人特别是农村兵能够进国防厂工作，是一件很光荣的事。各个国防厂也希望招退伍军人进厂，他们吃得苦、方便管理，政治上也可靠。如铁村公社谢坝大队6队的刘维本，1965年3月至1970年2月在辽宁铁道兵某部期间，先后在鞍山、大连、抚顺、沈阳等地参加铁路隧道工程建设，曾获"五好战士"4次、嘉奖6次，并加入中国共产党。1970年退伍返乡后，刘维本被分到南川锅铧社，尚未正式到岗即被转调到七〇一二工程，在1980年七〇一二工程撤回上海前夕又调往宁江厂工作。他的6名同事都是南川人，其中4名男性都是返乡退伍军人，有一人也调到了宁江厂②。合溪公社复退军人周昌模、兴隆公社退伍军人邬学前被庆岩厂招收为工人，周昌模后来担任了厂车队副队长。

第三种是"上山下乡"的知识青年。如后来曾任天兴厂厂长等的胡建康，当年是以隆化镇下乡知青的身份进厂的。其他如胡毅、刘家会等进入庆岩厂，杨于林进入红山厂，也是以下乡知青的身份招聘入厂的。

第四种，选配医院、学校专业技术人员。因为各职工医院、子弟学校从北方老厂调来的人员终究不多。早期缺额的教师主要由南川县文教科向地县支重办推荐安排，医务人员则由南川地方卫生部门帮助选配③。选配的人员则基本上是南川本地人。如陈祖容是南平正街人，1966年9月毕业于涪陵地区卫生学校护士专业，1967年12月被选招到国营红山铸造厂医务室工作，1972年厂医院建立后担任病房护士长。

第五种是周边农村的临时工。如1981年红泉厂与驻地村社签订协议，红泉厂长期使用东胜公社三泉大队9队的50名村民作临时工。这一部分临时工又被称为"土地工"，主要从事一些环境卫生、零星工程等外围工作，在三线企业迁离南川后又回到了农村。

二、大中专毕业生

三线企业从技术需要的角度更愿意招收大中专毕业生，大中专毕业生

---

① 2022年11月11日，刘先群口述。
② 2021年8月，刘维本口述。
③ 2020年9月，李向生口述。

是工厂的技术和业务骨干，社会地位也相对较高。如红山厂于1970年投产后，招收学校分配毕业生257人。进入1980年代后，大批地方大中专毕业生被分配到三线企业，为企业带来新的活力。1980年至1985年，红山厂先后调入10余名高校毕业生进入子弟校任教。如前文提到的南川县南平镇陈祖容，毕业于涪陵地区卫生学校，后分配到红山厂医院。再如，陈淑明从涪陵师范毕业后分配到庆岩机械厂子弟校任教，后随庆岩厂迁至重庆鱼洞。据说，当年宁江厂子弟校（技校）的教师中，还有清华大学等国内顶级高校毕业的学生，应该也是从应届毕业生中招录的[①]。

三、调动

随着基建结束和常规生产的推进，各三线企业职工和人员结构发生着许多的变化，厂地之间、厂厂之间的人员交流越来越频繁。职工调动有四种情况。

第一种是解决两地分居的厂地交流。夫妻一方在工厂、一方在地方的，由地方向厂方靠拢。如红泉厂曾分别在1980年和1981年解决了30户、21户两地分居双职工的团聚问题。又如红山厂为照顾两地分居职工，先后调入10名职工配偶到子弟校任教。红山厂陈祖荣的爱人荣大明在涪陵地区土坎电站工作，后通过照顾夫妻关系，荣大明调进红山厂101车间当电工。东胜公社金华大队的符迪才，曾参与襄渝铁路和川汉公路建设，因为妻子在红泉厂工作而从东胜公社调进红泉厂，先后任金属计划员、工会主席、党支部书记等职。

第二种是两地三线企业间的职工对调。如兴隆公社的鲁具学，1956年8月被招进重庆空气压缩机厂，后调到万盛新无厂，而新无厂又有职工家属在庆岩厂工作。于是鲁具学于1977年4月通过与在庆岩厂工作的职工对调，顺利进入庆岩厂冲压车间。

第三种是自行联系在三线企业间调动。如1975年10月，青海省海晏县金银滩原子城二二一基地二生产部某研制组组长杨如心，通过在南川县知青办工作的妻子刘仁惠与庆岩厂联系调入了庆岩厂。

---

① 2022年11月11日，刘先进口述。

第四种是三线企业搬迁引发的职工调整调动。如七〇一二工程确定迁回上海后,规定非上海籍职工不能迁往上海,家住水江公社的刘维本和部分其他南川籍职工经厂方协调,最终转调入了宁江厂。

四、顶替轮换

一类是安置职工子女进厂。三线企业经过一段时间的发展,部分职工家庭第二代甚至第三代相继长大成人,他们通过各种方式进入工厂就业,整个职工家庭的生活水平也因此得到一定程度的改善,也就是所谓"献了青春献子孙"。第一种是通过技校、中专、大专等途径让较优秀子弟就业。1981年至1985年间,红泉厂通过技校解决53名职工子女上岗就业,红山厂通过技校解决职工子女64名,宁江厂通过技校解决职工子女88名。当然,也有部分职工子弟通过升入大中专学校实现了进厂工作的目标。如刘维本的小儿子刘先进,与他在宁江中学高中的另两名同为职工子女的同班同学一起,以协议招生的方式考入重庆工业管理学校,毕业后进入了宁江厂。第二种是顶替上岗。如红泉厂,98%以上的退休职工都安排了子女顶替。当然,这种情况主要发生在20世纪80年代初期,对子女有严格的年龄限制,一个家庭一般只能解决一人,且工种不是太好。第三种是内部招工,主要目的是解决部分大龄待业青年的就业问题。如1980年、1981年,红泉厂"在经济效益差""经济困难亏损"的情况下,分别解决了108名、47名行业青年的就业问题。这种情况解决的职工多数在大集体工作,也就是说只是"大集体"身份。鲁具学的家庭,算是安置子女就业的典型代表:他在庆岩厂工作期间,大女儿鲁小枫高中毕业后顶替到庆岩厂当焊工,二女儿鲁奇容初中毕业后到庆岩厂大集体做冲压工;三女儿鲁代会在庆岩厂技校毕业后进入六车间当装配工,三女婿张军在庆岩厂大集体做焊工。

另一类是"轮换工",主要针对的是单职工,也就是其他家庭成员在农村的那一部分职工。让在职职工提前办理退休手续并把户口转回农村,安排一名在农村的子女顶替其到厂里工作并转为城镇户口,该名职工回到农村后承接该子女的自留地、承包地等。如刘维本从七〇一二工程调入宁江厂工作10年后,不到49岁的他为了赶上最后一批轮换工指标而提前办理了退休手续，让还在南川中学上高中的女儿刘先群退学回家。刘先群和其他几十名"轮换工"经过一年的技校培训，先后分配到工具处、大件、204等车间工作，刘维本则从此回归为普普通通的农民。当然，成为农民后的刘维本仍然有一份退休工资，还享受职工医保、节假日慰问等其他退休职工的同等待遇。

第三节　南川青年奔赴域外

有其他地区的人被招录到南川的三线企业，就有南川人被招录互其他地区的三线单位。三线建设期间，不仅有南川人投身南川地区的三线建设，也有一批南川人通过各种方式进入其他地区的三线企业，长期奋战甚至转战在各地三线建设的第一线。他们经历的也是南川人参与的三线建设，是南川三线建设的重要组成部分。

一、八一六工程

涪陵八一六工程离南川不远，于是就有不少南川人因为各种机缘而进入该厂工作。南川建筑公司、南川县城关修缮队、东方红建筑工程公司等也参加过八一六厂初期工程建设。据原南川28队退休职工娄均回忆，三线建设时期南川28队专门安排有车辆为八一六厂拉物资，拉物资车辆交货地点经常变动，南川开往白涛的客车下车地点也经常变动。八一六工程下马后，张国凡、刘世福、闵国军等10多名参加工程建设的南川人调回到南川28队工作。

又如刘维本的哥哥刘维柱，19岁从农村到东北参军，还曾跨过鸭绿江，回国后又随部队开赴西北参加西藏平叛，退伍后进入位于甘肃玉门的核工业四〇四厂，见证了中国第一颗原子弹爆炸。为照顾远在西南的家庭，刘维柱于1978年调到由四〇四厂包建的八一六工程，1985年又将在南川农村的家整体转户口迁到厂里，大女儿进厂做了临时工，二女儿在厂医院工作，小儿子在车间上班。或许因为曾经的经历，刘维柱于1989年患直肠癌去世。据说，与刘维柱经历相似的，至少有8名南川籍职工先后从四〇四厂调回八一六厂[①]。

据原解放军炮九团南川籍战士汪蜀秋回忆，当年随炮九团参加抗美援朝战争后归国复员到涪陵八一六厂的，有徐东阁、阮凤权等。据南川区人民法院退休干部金必祥回忆说，他的亲家陈代元是从辽宁某部营级干部转业到八一六厂的第一代三线人，他的女儿、女婿都在八一六厂"军转民"后的建峰化工厂、三线军工文化旅游小镇工作，他的女儿现在是厂里的一名中层干部。据说，在原八一六厂、建峰化工厂、八一六文旅小镇等工作过的南川籍超过300人[②]。

二、攀钢

远在四川省西南角的金沙江畔，于1966年上马的攀枝花钢铁公司也有南川人积极而广泛的参与。当年攀钢从四川各地招收一批大中专毕业生和下乡知青，其中就有150多名（其中女性24名）南川籍青年，他们全部被分配到攀枝花钢铁公司耐火材料厂。1973年12月23日，这些青年分乘5辆客车从南川抵达重庆，再坐火车经成渝线转成昆线到达渡口市，在路上整整花费了3天时间。21岁的水江公社劳动二队青年郑国其，到攀枝花后从基建开始干到机修工、翻砂工、电焊工。南平镇正街的下乡知识青年王中伦在耐火材料厂机修车间当过瓦工、团支部书记。东方红公社女青年杨家信从油漆工干起，三年后担任车间材料员，后来在外出运材料时遭遇车祸，把27岁的年轻生命留在了攀枝花。另外还有大专毕业后分配到攀枝花的。如家住南川县城的陈川，在工农兵大学毕业后被分配到攀枝花钢铁公司物资处，直到在攀钢公司退休。

进入80年代，攀枝花钢铁公司耐火材料厂为解决职工两地分居问题，让职工自行联系家乡或成渝两地，凡有愿意接纳的单位就可以办理调动手续离开。在攀枝花的南川籍职工有100多人因此联系转调回家乡的单位，

---

① 2022年11月8日，刘先文口述。
② 2020年12月，汪蜀秋、金必祥等口述。

留在攀钢及耐火材料厂的只剩下 40 多人。从攀枝花三线建设前线调回南川的三线人，除 1 人调宁江厂，其余被安排在县人民法院、县企业局、县粮食局、县商业局蔬菜公司、县交通局交管所、县林业局苗圃、县电力公司、县氮肥厂、县纸厂、县供销社以及外贸公司、土产公司等 10 多个单位。如王中伦于 1981 年 3 月调回到南川县石油公司，郑国其于 1982 年 2 月调回到南川县水江镇供销合作社。

第六章
驻南三线企业的早期生产

驻南主要三线企业，除七一一所未实质性搬迁投产，其他5个厂都按计划完成基建、试制、量产等任务。本章以宁江、红泉、红山三厂的军品生产情况为代表作概略介绍，重点回顾各厂开拓创新、攻坚克难、敢于胜利的奋斗历程。

第一节 生产准备

所谓生产准备,包含了从基本建设、试制大纲、技术资料、工艺设计、设备安装、试生产等全过程,特别是技术人员的配备、培训等。因基建、职工等部分已有讲述,个别内容涉密,本节所谓生产准备,重点叙述可移动设施的调配、安装、调试、使用、投产等过程。

驻南三线企业的基建进度参差不齐,宁江厂已于1966年底基本完成基建,而红山厂于1970年7月才基本竣工,庆岩厂约于1970年7月基本完工,红泉厂至1971年11月基建竣工,天兴厂约于1972年完成基建,对后续各厂的试制、投产进度也带来了影响。宁江厂搞建设期间,上级提出当年设计、当年施工、当年投产的"三个当年"要求,其他在1970年及以后完成基建施工的单位则面临五机部提出的1970年"十一"打响"争气炮"的新要求。因此,各厂在全力大搞基建的紧张阶段,又同步推进生产准备的各项工作,把生产准备和现场基建互相衔接、互相穿插,确保按期拿出合格的产品。

一、试制大纲

宁江新厂建设启动之初,负责主包的沈阳老厂就成立了"新厂生产准备工作小组",下设"新厂工作办公室",简称"新厂办"。"新厂办"既要负责宁江项目的基建工作,还要负责新厂产品生产所需要人员、设备、图纸资料等全部准备工作。"新厂办"经过认真讨论研究,精心编制了宁江厂生产试制工作大纲,包括生产试制的具体步骤、工装设计任务安排与生产器具准备、设备与动力准备、劳动力调入进度安排、检验与计量准备、材料与半成品准备以及安排新工人技术培训和加强职工的思想政治工作等内容。生产试制大纲作为生产准备工作的行动纲领,为推动新厂的基建与投产齐头并进、"两条腿走路"起到了积极的作用。

二、技术资料

宁江厂的技术资料准备也由"新厂办"负责。除了自行组织审核,"新厂办"还派冯玉文带领 7 名技术人员到北京,与五机部第五设计院共同核定图纸资料。有关审核工作于 1965 年 11 月末结束,共计审核工艺、工装图纸 8000 多份。工艺技术设计和技术资料整理工作进展较快,到 1966 年二季度基本结束。共计完成工装设计图纸 4050 张、专用二类工具图纸 726 种、新工艺编制图纸 1496 张、工装标准化整理图纸 3063 张、编制工艺图纸 1055 张、通用标准化图纸 1385 张。

三、设备准备

宁江厂的设备调拨任务量非常大,共需要从各地调拨设备 1600 台,其中有国拨设备 1360 台、非标设备 240 台,还有全套一次性工装 2 万多件。旧设备从分布在北京、沈阳、西安、太原、吉林、重庆等地的 14 个老厂调入,国拨设备供应点除新疆、西藏地区外遍布全国各地,国拨设备在品种上还有缺门,光学和理化实验仪器、锻压设备也很不容易解决。

按照要求,各有关工房一竣工就要立即进行设备安装,以满足头部机构的试制要求。当时大件、小件、压铸、冲压车间的工程进度都比较快,离试制时间也越来越近。由于现场基建进度非常快,工装催交与发运、工具外购、综合统计等都满足不了与基本建设"基本同步"的要求,必须加强所有设备的催交工作,尽可能使供货单位能提前供货。1966 年一季度末是新厂基本建设的高潮时期,基建工作明显加快,部分工号竣工时间提前,如果安装不及时就会影响试车。根据现场形势发展,"新厂办"加强了调运设备的力量,大抓国拨和老厂调拨设备的落实。由于催交工作需要跑全国几十个地方,宁江厂组织力量建立了以北京为中心,以沈阳、西安、上海、成都为枢纽的催交设备工作联络网,各地设专人蹲点。

经过催交,各承担设备制造的兄弟厂大多能提前完成制造任务。如七二四厂第三季度的任务提前于第二季度完成了 50%,八四四厂第二季度的任务提前于第一季度完成 50% 以上。最后的结果,到 1966 年第二季度,244 台金切和锻压设备落实了 184 台,占总设计数的 75%;812 台二类机电产品向国家申请 773 台,分配落实了 625 台,占设计总数的 82%。非标设备制造在五机部及各兄弟厂的支持配合下，到3月份落实了1152台件设备中的108台件，其余都按试制需要陆续完成。一次性工装制造由七二四厂承担，经过三次反复的协商，落实了2281种、3715套、32287件，基本满足了试制的需要。

四、设备安装

设备安装方面以红山厂为例。红山厂有关厂房建成后，工厂组织职工安装队配合建字208部队工程连从1967年第二季度开始安装施工需用的水管、水泵、锅炉、汽管等。1969年3月，有色铸造车间工房竣工、设备大部分到厂，工厂组织工人和技术人员配合部队开始安装。该车间有3台重要的进口压铸机，其中日本DV150的2台、意大利CAST500 1台，3台设备性能先进、结构复杂。为搞清设备性能，厂方还派人前往五九八厂参观，经过多次讨论研究，翻译设备说明书，于1970年6月完成了安装调试。截至1969年6月底，该车间除6号厂房熔铜炉、变压器未到货外，其余设备都已安装完毕。精铸车间的50号、51号、52号3栋厂房相继在1969年9月竣工，工厂配合施工部队从51号厂房开始安装设备，根据轻重缓急原则首先安装湘潭电机厂出产的中频炉2台、长春电炉厂出产的电弧炉2台。为了保证国庆"打响炮"，其他设备也在1970年逐步安装就绪，当然后来的调试中发现不少问题，后来才逐个研究解决。

调整扩建中，34号厂房从1969年3月10日挖基础到同年7月20日建成，1242平方米的大厂房只用了4个月零10天的时间。厂房建成后开始打地平，建字208部队即开始搞预算启动安装工程，边生产边安装边调试，先安装的10余台金切设备还用来赶制模具，做到了设备安装和生产两不误。

五、模具会战

车间生产，模具优先。基本的设备安装完成后，各厂工具科率先部分投产，重点解决工装问题。红山厂、红泉厂等都以工具车间为主，其他科室和车间配合，组织开展了"模具大会战"。工人吃住在车间，技术人员跟班解决问题，厂领导深入车间端茶送水，医务人员日夜到机床边巡逻，连托儿所也昼夜上班，以"三个面向"（面向基层、面向群众、面向生产）

和"五到现场"（材料、工资、医药、商品、饭菜送达现场）共同打赢"模具大会战"。

按设计规定，红山厂的第一套模具应由老厂供应，但因设计规模扩大、工艺更改等，定货的模具和非标设备都未能按时交货，特别是二类工装交货情况更差。为此，工具科从1970年3月开始，一边突击设备安装，一边查阅模具资料，自己设计、自找材料研究加工方法，自制了第一套WS001C205-1压铸模。加工中，淬火无法解决，设计的高温盐浴炉的炉堂只有200毫米，而生产用的模具大多数在200毫米以上。机动科的工程技术人员将炉膛改大，同时改制一台150千瓦变压器，改造后的设备最终不仅可以加工500毫米以下的产品，升温也由6小时降为3小时，攻下了模具生产的难关。工具科采取土洋结合的办法打造生产线。人力不够、工种不配套，就打破工种界限，以老带新、以熟带生，一道一道工序生产。没有打结炉衬的炉芯，就利用木棒代替专用炉芯；没有浇口模具，就用挖的容器代替；没有蒸汽及熔模装置，就用砖头搭灶、烧柴作能源、用铁桶作锅化蜡，制成车间的第一批壳模，被人们总结为"两口大锅闹革命"。

而红泉厂从1969年12月底开始，连续苦战40个日夜，制造出22套急缺模具，还自制土工装337种（套），被职工们称为"争气模"。

第二节　试制生产

宁江厂、红泉厂、红山厂、庆岩厂、天兴厂等5个驻南三线企业的军品生产都属常规武器系列。历经紧张的基本建设、设备准备、人员调配等，迅速投入产品试制环节。产品试制成功后，即可宣告整个企业建设的全面竣工，然后投入正式生产。

驻南三线企业军品生产的情况：宁江厂主要生产某3型引信和某9型引信（后称某4型和某5型引信），其中某4型于1970年开始生产、1971

年完成转产定型并批量生产[①]。其后又先后生产和试制6种军品,共计列入正常生产4种,1981年某型引信荣获兵器工业部优质产品称号。天兴厂主要生产常规武器及配件,于1975年开始少量投产,1979年首次实现盈利,1975年至1980年产品总产值为1362万元。红山厂主要担负高射火炮配套生产,1970年设有熔模精密铸造、铝合金铸造、铜合金硬模铸造3条生产线。1970年至1980年生产15个军品的各种精铸及有色铸件6万多件,其中生产新研制成型的各类配套铸件9种4万多件。红泉厂是生产高射炮液压传动装置和全自动高射炮电器传动装置的专业厂,军工产品主要有某型高电液压传动装置、某型双高电动传动器、某型高电传返修等,至1985年总产值7433.6万元,销售收入7121.6万元。庆岩厂主要生产高射炮零部件,1971年至1979年累计完成总产值12721万元[②]。

一、试生产

1970年5月,红泉厂经上级批复和指示,开始少量投料试制一批国家未定型的"二合一"传动器产品。那时的红泉厂试制所必需的模具已大部备齐,自制了部分非标设备,手抠冲压件280件、塑料件25种、橡胶件16种,生产材料和必需的外购件已购回进库,红泉厂大搞技术革新,自制了半自动刻度机和压字切割机,自制的高频电脉冲穿孔沉床装配成功等,实现国庆日"打响炮"是可能的。红泉厂于是在同年7月12日提出"大战六月份,奋战七八九,确保八月出产品、'十一'把礼献,全年任务提前一个月完成"的战斗口号。经过努力,于8月份试制出两门四川"二合一"传动器产品,实现了"八月出产品、'十一'把礼献"的目标。不过,由于四川"二合一"传动器产品尚是四四七厂科研项目,还没有经过国家定型,部队就不予接收。后来红泉厂不得不变更生产方案,改为设计生产另一型号的传动装置。

1966年末,宁江厂的设备安装已基本完成,装试车需要16个零件、110道工序,达到"三定"的已有11个零件、88道工序,生产准备工作已基本就绪,具备了试制条件。但由于"文化大革命"的破坏及形势动乱,

---

① 胡凤年等:《引信技术实践》,1989年,第154页。
② 《南川区志》,2014年,第292页。

生产试制工作一直拖到1970年才逐步开始试制。

1969年10月，宁江厂接到了上级抓紧生产某型产品配件的通知，要求指定专人负责，立即采取有效措施保质保量如期完成任务，并且每五天电话汇报一次生产情况。那时的宁江厂正处于瘫痪状态，特别是1969年先后发生"5·17""9·3"两次死伤事件，职工思想混乱、派性严重，对立情绪很大。经过紧急的动员和思想工作，有关职工最终以大局为重，较快排除干扰投入到战备生产中。尽管当时的生产条件还不够完备，工种不全，有的生产线尚未完全打通，工装制造停止，甚至连动力供应也成问题，但经过全厂总动员后大家都积极行动起来，边搞工艺、工装设计，边进行工装制造，边跑原材料供应边投入生产。经过两个月艰苦奋战，截至1970年1月共上缴该型配件13万余个，保证质量如期完成了上级下达的任务。这次的突击生产还有一个重大成果，就是成功排除了干扰、凝聚了人心，使全厂职工重新把注意力和精力转移到试制工作上来。

宁江厂建厂的主要任务是转产某5型引信，而该型引信的试制工作刚于1970年7月启动，是在突击完成前述配件后才开始的。在驻厂军代表的大力配合下，经过对产品、工艺、人员、设备、材料、工装的试制定型，各生产车间陆续试生产出合格的产品零件，到年底即装配出某5型引信试验品数百发，于1971年初进行了静止试验和靶场试验，结果全项良好。为全面完成转产试制和全年生产任务，全厂职工克服工艺、工装、原材料、电力供应不足等困难，在1971年三季度还组织了弹簧、上体、托罩、防潮帽等短线零件加工的"大会战"。到9月上旬已生产出全年产品所需要的全部零件。9月，又组织"装配大会战"，从机加车间、机关科室抽调近百名职工集中力量打"歼灭战"，至9月底完成全年引信装配任务。经打靶试验合格后，12万余发引信于1971年11月15日全部装箱交验完毕，标志着某5型引信转产试制和当年批量生产任务提前一个半月全面完成。而转产定型的完成，也标志着工厂的基本建设具备全面验收条件，标志着基本建设的全面竣工，进入了正式的生产阶段。

二、军品研发与生产

军事工业的更新换代速度很快。驻南三线企业除了转产、改进、自制，还组织技术人员自行研制了不少新型工具和新型产品，其技术改造、新产品及新工具研发在三线企业中的地位也越来越高。如宁江厂于1975年成立专门机构"技改室"，1978年升格为"技术发展科"，1980年增设"民品科"，1982年更将前二者合并改建为研究院。

各单位军工产品的研发有下达设计试制任务、明确战术技术要求及命名、完成设计方案和论证、设计定型静止实验、改进设计、生产定型（车间定型、工厂定型）、批量生产等环节。据不完全统计，截至1985年，宁江厂先后开发重点军品5种，红山厂先后研发重点军品5种，红泉厂开发重点军品3种。

生产方面，红山厂截至1985年累计产值达2029.3万元，其中最高峰是1979年，实现盈利260万元。但自1980年以后因国民经济调整，军品任务大幅下降，1980年军品总产量仅为1979年的2.6%，其后便逐渐走上军民结合的转型之路。其他企业，如红泉厂的军品生产最高峰也是在1979年，当年创产值1222万元，实现利润149万元，而1980年仅为76万元。宁江厂相对特殊，在1981年至1982年间接到了一批紧急外贸订货的生产任务，1981年和1982年分别实现利润248万元和277万元，其军品生产最高峰比前述二厂推迟3年到来。

三、技术革新

技术革新方面，以红山厂研制的电液压清砂装置为代表作简要介绍。

1977年至1979年，红山厂自行设计研制成功熔模铸件电液压清砂装置，填补了我国熔模铸造清砂技术的空白。清理铸件表面或型腔内的废砂，有机械、物理和化学等方法。最常见的打磨、研磨就是机械方法，化学方法是用化学溶液来溶解、电解，用激光、超声波、冲击波等进行清理则是物理方法。电液压清砂属物理清砂，通过电极在水中高压放电所产生的冲击波来达到清砂效果，具有耗电少、效率高、成本低、无粉尘、劳动条件好等优点。苏联于20世纪60年代就开始研究电液压清砂，其效果十分显著。

1974年，五机部召开技术改造会议，安排第二〇研究院提供初步技术资料，在红山厂试验电液压清砂新工艺。红山厂接受任务后，于1975年初建立由领导干部、工程技术人员和工人组成的"三结合"小组，从搜集资料、订购试验器材入手进行准备和申报，于1977年初获四川省五机局批准。红山厂把电液压清砂装置的研制列为1977年技术革新重点项目。由厂"革委会"副主任石宝章牵头成立技术革新小组，指定101车间工人曹红燕为项目负责人，小组成员有机动科技术员张稀群、101车间钳工班工人彭朝焕等。

该项目于1977年4月开始工艺科研试验。电液压清砂装置的研制，技术要求最高、难度最大的是电器部分，经过反复尝试不同型号的高压硅堆，用高压整流电子管取代X光机等，才解决了硅堆被击穿的难题。为使检修设备方便和操作安全，设计人员设置了人工放电装置和设备室门连锁放电装置，并将放电器装入抽风道内，以强力抽风将有害气体送往空中，使之更加科学、安全。在研制过程中，革新小组成员夜以继日地工作，101车间电工班全体职工和钳工班职工也参加了研制。1978年5月3日，电液压清砂装置研制成功并在101车间正式投入生产使用，这是国内研制的第一台双电极式熔模铸件电液压清砂设备[①]。1978年11月11日，四川省五机局组织五机部二〇研究院、二一〇研究所、综合研究所、六二研究所、清华大学、重庆市科委以及部分厂家共32个单位50名代表在红山厂召开电液压清砂装置技术鉴定会，给予该工艺高度评价和认可。电液压清砂新工艺和装置先后荣获四川省五机局1977年科技成果奖、四川省1978年科技成果四等奖、重庆市1979年科技成果二等奖、1980年国防工业重大科技成果二等奖。

红山厂的科技创新研发是驻南三线企业的典型代表之一。截至1985年，该厂共取得技术改进成果595项，其中较大项目31项，更于1980年创办综合性技术刊物《红山科技》。其他，如红泉厂于1972年研制的光电跟踪线切割机，1974年研制成功的SKX-213型三坐标铣床数控装置，1979年试制成功的无毒电镀新工艺，1985年研制成功的数控车床等，以及宁江厂于1969年改进的"空中轨道杠杆式洗涤法"，1974年改进的"高压喷射洗涤法"，1978年设计制造的离心甩油机，1977年改进的电解气相软氮化加蒸汽复合处理新工艺等，在提高工效、节约材料、减轻劳动强度、改善作业环境等方面发挥了重要作用。

[①] 机械电子工业部第一设计研究院　曹善堂：《铸造设备选用手册》，1990年，第333页。

四、集群协作

在分工越来越细的现代，军品生产是一项繁杂的系统工程，有一条长长的复杂的产业链条，其背后则是一个庞大的产业群，需要无数单位的协同配合。重庆地区的常规武器生产基地实际上是一个新的产业聚集地，是一种"大分散、小聚集"的格局。以下以红泉厂生产协作和定点关系为例，简要呈现当时的产业集群特征。

红泉厂军品的生产协作关系，是严格按照当年五机部批准的设计任务书执行的。需要外购的有橡胶件、塑料件、电机、电器元件、备件箱、包装箱等，需要外部协作的有帆布、布、皮革件、八线示波器修理、变压器大修、汽车大修、热工仪表检修、齿轮刀具、机修用齿轮等，需要由外部供应的精密机床配件由璧山县青山机械厂供应。

定点协作方面，需要由二五七厂供应弹簧件，由五〇一七厂供应标准件及工具附件，由庆岩厂供应百吨冲床以上冲压件及51部件电缆盘，由红山厂供应精密铸造及有色金属铸件，由五〇五七厂供应铸钢件、铸铁件，由五〇六七厂供应锻件。其中庆岩厂和红山厂在南川，其他二五七厂（万盛）、五〇一七厂（綦江）、五〇五七厂（万盛）、五〇六七厂（江津）离南川都还不远。从此可以看到，一个全新的现代化军工产业集群正在重庆以南地区形成。

第三节 探索革新

关于军品时期三线企业自身建设和经营管理，以宁江厂创"大庆式企业"活动为例作介绍。创"大庆式企业"也就是"工业学大庆"。1977年4月20日，中共中央在大庆油田召开全国工业学大庆会议。宁江厂闻风而动，迅速在全厂掀起"忆铁人找差距，学大庆订措施"活动，于1977年7月制订出台学大庆规划，提出"开足马力学大庆，鼓足千劲赶江华，苦战三年，拼死拼活实现大庆式企业"的口号，还把原定在1980年建成"大庆式企业"的奋斗目标提前到1979年实现。宁江厂的活动主要分为两个阶段：一是1977年4月至1979年5月，创"大庆式企业"；二是1979年6月至1981年通过"扩权试点"创建高标准"大庆式企业"。

一、建章立制

1976年8月，工厂在401、402车间试点，探索建立了以岗位责任制为中心的7项管理制度，取得较为成熟的经验。其后，全厂各科室先后制订职责条例共计23项，修订计划管理、生产管理、质量管理、财务管理、物资管理、设备管理等制度17项，在车间恢复班前会议和质量分析制度，开展两级经济核算，实行8项指标层层分解考核，运用竞赛板、警钟板等公布各项经济指标完成情况，全面深化"两参一改三结合"民主管理，以制度化管人管事的机制逐步得到确立。

二、狠抓质量

"工业学大庆"的另一个重点是通过开展质量大检查活动，狠抓产品质量整顿。1977年4月底，宁江厂在组织第20批5型引信静止试验时出现隔离安全试验半爆问题。厂党委召开了常委扩大会议进行专题研究，组成破关组，开展各项试验分析10次，耗费产品6000余发，检查零件8500多件，终于找到了质量问题的原因。为进一步提高产品质量，又发动群众开展"十查十整""六个一"全面整顿质量活动，从6月中旬到10月底组织三次大检查，先后检查工装1922套，产品工艺、工装等图纸6433张，生产工序1682道，各种原材料38种，各种设备623台，查出质量问题874个。其后针对发现的问题逐一落实整改措施，使产品质量得到了稳步的提升。

三、生产会战

由于1977年上半年电力供应十分紧张，部分零件所需原材料长时间待料，宁江厂的全年计划任务只完成25.8%。宁江厂组织职工开展生产大会战，发扬铁人精神，开展社会主义劳动竞赛，提出"鼓实劲、战高温、夺高产""八小时内拼命干，八小时外作贡献""饭不吃，觉不睡，要为会战作贡献""宁愿掉它几斤肉，出它几身汗，生产任务坚决完"等口号，通过大战三季度，取得了大会战第一个战役的胜利。到9月底累计完成了年计划的74%。随即，又在10月打响第二个战役，当月完成年计划的28%，提前两个月超额2%全面完成全年战备生产任务，8项经济技术指标完成情况均达到工厂历史最好水平。

供运科的司机为保证全厂提前完成全年任务，克服请不到火车皮的困难，两次用汽车专程把产品运送到沈阳七二四厂作靶场试验，全程3000多千米仅用5天时间就赶到沈阳，创造了长途安全行车的记录。在会战和劳动竞赛活动中，全厂评选出先进单位4个、先进班组24个、先进个人187人，评出铁人式标杆4人。

四、增产节支

1978年，宁江全厂清仓利库达20万元，节约利废达10多万元。职工家属"五七"工厂甩油小组回收废油多达62吨，价值8万多元。1979年，不仅提前3个月完成国家战备生产任务，而且还增产某5型引信6万发，节约金属材料30吨、木材25立方米，节电50万度，回收利废油料70吨。全年节约23万元，回收利废27万元，处理多余积压物资22万元，产品成本下降了10%。

经过探索奋斗，宁江厂于1979年5月被四川省命名为1978年度"大庆式企业"。宁江厂随即在全厂开展"正确对待荣誉，找差距添措施，进一步修改学大庆规划"的活动，并于1979年6月召开全厂职工和驻厂单位职工参加的"深入学大庆"誓师大会，继续创建高标准"大庆式企业"。

五、扩权试点

1978年10月，经国务院批准，四川省委、省政府选择不同行业有代表性的重庆钢铁公司、宁江机械厂等6家地方国营工业企业进行"扩大企业自主权"试点，逐户核定企业的利润指标，规定当年的增产增收目标，允许在年终完成计划以后提留少量利润，作为企业的基金，并允许给职工发放少量奖金。该试点成为国有企业改革乃至整个城市经济体制改革起步的标志[①]。

宁江厂扩权试点工作主要有5个方面的做法。一是实行目标管理，搞好增产节约。到1981年要实现某5型引信质量综合良品率90%，一次交验合格率67%，利润100万元。其结果是，宁江厂于1981年实现利润248万元。二是实行车间基金制度。1981年各车间以1980年单件平均实际成本加一定系数作为目标成本指标考核，按降低额提取0.5%~0.8%的车间基金，用作车间集体福利或奖励，通过奖勤罚懒调动生产工人和管理人员两个方面的积极性。三是狠抓能源节约工作。推行车队运输吨千米耗油量定额控制等，对电力煤炭，汽油等实行指标控制、定量供应、节约提奖、超指标受罚，实现全年节电3%、节煤5%、节油10%、节水10%、节汽8%的目标。四是推行全面质量管理，保证工厂综合良品率和一次交验合格率指标完成。五是加强计量、理化、检验、试验等仲裁部门工作，加强技术管理、计划管理、劳动管理、财务管理、管理人员培训等，贯彻执行"军民结合、平战结合、以军为主、以民养军"16字方针，从1980年下半年开始开发民品，广开门路，促进军品、民品生产发展。

---

① 章迪诚：《中国国有企业改革编年史1978—2005》，第17页。

第七章
三线企业的民品研发与管理创新

20世纪70年代末80年代初,党的十一届三中全会确立了把党和国家的工作重心转移到社会主义现代化建设上来的指导思想。三线军工企业面临着军品任务锐减、生产线闲置、经济效益下滑、企业亏损严重、职工队伍不稳等诸多困难。艰难完成基本建设、正式投产不过数年的驻南三线企业又不得不面对突如其来的转型压力。

第一节 形势逼人

截至20世纪80年代，军工企业技术装备在国民经济各行业中是最先进的，工程技术人员比重在国民经济各行业中也是最高的。国防科技工业打破封闭格局，转变运行机制，进行产业结构和生产能力调整，将绝大部分生产能力转向轻工产品和家用电器等民品生产领域，能够有效缓解国民经济发展的短板。

中央号令下达后，各地三线企业开始了民品的研制和生产。其主要做法就是利用现有生产能力，选择与本企业军品结构、生产工艺属同一门类的产品，从利用现有的主要设备、厂房等现实生产条件出发，有什么样"炉灶炊具"就做什么样的"饭"。如引信厂生产钟表，光学仪器厂生产照相机、望远镜，火炸药厂生产羧甲基纤维素（香烟过滤嘴原料）、泡沫塑料之类的化工产品，火工品厂生产工业导爆索，防化器材厂生产民用活性炭，火炮厂生产石油钻具、煤矿用液压支架，轻武器厂生产运动枪、猎枪等。还有的通过对老厂的改扩建和技术改造来建设民品生产线，如引信厂生产线改造以后生产车辆的减震器。到20世纪90年代，国防科技工业经过调整改革，围绕航天、航空、船舶、兵器、军工电子、核工业等6个领域，形成了以11个大型军工集团为主的国防核心研发能力，在机械、冶金、化工、轻工、建材、纺织、有色金属等众多民用行业形成了完整的配套研发能力。与此同时，国防科技工业"军民结合"的重点逐步从军工生产能力的转移向体制机制改革和产品结构调整过渡。1997年，军工民品产值占国防工业总产值的比重从1989年的70%提高到80%左右。

驻南三线企业实施"军民结合"相对紧迫，各厂正式投产的时间基本上是在1973—1975年间，可供喘息、适应、研制、积累再到转型的时间不过4—6年。以红泉厂和红山厂为例。金佛山北麓的红泉厂于1975年实现首次盈利，1980年军品任务比1979年减少80%，军品产值从

1980 年的 593.9 万减少到 1981 年 166 万元；全年工业总产值从 1979 年的 1130.9 万元降至 1980 年 626.7 万元、1981 年 286 万元，整体利润从 1979 年的盈利 120 万降至 1980 年的 17.6 万元，1981 年则亏损 174.4 万元。而金佛山西南麓的红山厂，1977 年才实现首次盈利，1980 年的军品任务比 1979 年减少了 97.4%，军品产值从 1979 年的 445.8 万元减少到 1980 年 35.9 万元；全厂工业总产值从 1979 年的 466 万元减少到 1980 年 234.2 万元，整体利润从 1979 年的盈利 260 万元降至 1980 年的亏损 208 万元、1981 年盈利 2.9 万元。

宁江厂是四川省在 1978 年选定的 6 个 "扩大企业自权" 试点企业之一，该厂于 1979 年即开始研发民品，在 1981 年至 1982 年间又接到了一些紧急外贸订单，因此获得宝贵的缓冲期，在经营上算是相对平稳。1982 年，宁江厂完成工业总产值 1361 万元，实现利润 277 万元，各项经济技术指标达到或接近历史最好水平。而天兴厂从 1975 年到 1980 年 6 年军品产值只有 1362 万元，直到 1979 年才实现首次盈利；庆岩厂 1971 年至 1979 年累计完成工业总产值 12721 万元，1980 年后军品生产任务也大幅减少。

综合来看，驻南五厂工业总产值的最高峰是在 1979 年，达 5584 万元，1980 年降至 3506 万元。1982 年探底为 2815 万元，差不多是 1974 年的总水平。随后开始复苏，至 1985 年回升到 7068 万元[1]。因此，驻南三线企业从 1980 年至 1985 年的 "军转民" 探索，也伴随了长达 5 年的低谷期和阵痛期。当然，驻南各三线企业都有生产民品的经验，那就是家属工厂（"大集体"）。各单位的家属工厂早已开启民品生产，虽然技术不够先进，产量、质量不够高，却为民品生产积累了宝贵经验。如红山厂，1970 年即实现民品产值 33.8 万元，1978 年开始发力，至 1979 年已达 53 万元。

---

[1] 《南川区志》，2014 年，第 292 页、293 页。

第二节　找米下锅

1979年底，各驻南三线企业得知次年军品生产任务大减的消息后，纷纷紧急召集干部职工商议对策，抽调有经验的工程技术人员、业务管理干部等，组织"找米下锅"的队伍到省内外开展市场调查，按照"工艺相近、技术相通"的原则，联系适合工厂生产的民品，接洽生产协作任务，多方向开发生产。

一、宁江厂

宁江厂的第一款民品是块规，早在1974年即研制生产，到1979年已经产出精密量块20盒。1979年初，工厂决定扩大块规生产能力，将其作为工厂主要民品品种。于是以厂里的"大集体"宁江量仪厂为主体，组织了新老工人150人，利用原火工车间的280平方米工房，投入拉带式研磨机、圆盘研磨机、压砂机等标准设备32台、自制非标设备23台，经过1年的技术培训、工房清理维修、非标制造和设备调拨安装、试制生产后，于1980年开始正式投入批量生产。截至1981年底，共生产出83件/盒共计258盒、大8件/盒共计130盒、专用块规共计229盒。随着宁江厂决定开发研制峨嵋牌120相机，急需投入大量劳动力和机械设备，块规于1982年停产让路，直到1985年底才又恢复生产。

第二种民品是眼镜。1980年，工厂决定研制生产金属架变色眼镜，安排了试制计划，配备了专责技术人员。眼镜架由工具科负责试制生产，镜片由宁江量具仪表厂组织研磨。经过反复试制，当年生产出金属架变色眼镜1000副。但由于产品质量不够好、成本又较高、在市场上竞争力不强，最终停产。

第三种民品是沙发，也是1980年开始生产的。这种产品技术要求不高，工艺简单，不需要专业的机械设备，工厂就安排缺乏机加手段的检验科承担。检验科筹备了工房、配备了专责人员，由基建科提供木架，从 1980 年到 1985 年间，共生产了单人沙发 1467 对、双人沙发和三用沙发床共 84 个。由于市场问题，沙发生产仍然无疾而终。

第四种民品是峨嵋牌 SF-1 型 120 相机。峨嵋牌 SF-1 型 120 相机是宁江厂生产减震器前最重要的民品。1980 年 1 月，宁江厂组成调研组先后走访了成渝两市商业局和五金交电公司，学习四五一厂、四五六厂、二○四厂、二○八厂等兄弟单位开发民品的经验。从当时的信息看，开发小轮自行车、轻骑摩托车、望远镜和相机等比较有市场。于是就根据工艺相近的原则决定开发研制 120 相机，并列为工厂的支柱民品。决定试制之后，就派人四处奔走找设计图纸，由于各厂家都不肯扩散自己的产品图纸资料，最后通过兵工局才从重庆金笔厂拿到一套不太完整的 120 相机图纸，当时已经是 8 月份了。为了抓紧时间，工厂立即组织力量描绘，到 1980 年底完成描绘和校对工作。另外还组织了三次专题调研，组织人员赴广州、丹东和华蓥地区，向生产相机的专业厂家学习制造相机的组织管理方法和加工工艺技术。峨嵋牌 SF-1 型 120 相机为仿海鸥 4B 型，除快门、光学件、三钉件和皮盒组织为外协，其余全部自制生产。经过工装设计、生产准备、购买设备、非标制造和外协模具加工、零件试制加工，于 1981 年底试装出 120 相机 102 架，并按年产 1 至 5 万架生产能力申请投资。兵器工业部先后四次共拨款 230 万元作为相机建线投资，并要求在 1985 年达到 5 万架的水平。该相机生产线共利用生产面积 2080 平方米，投入标准设备 164 台、自制设备 21 台、测试设备 36 台，投入干部工人 153 人。到 1982 年 9 月，又试制出相机 450 台，经浙江大学鉴定，质量基本达到海鸥 4B 型的标准，最后于 1983 年 6 月完成定型，初具批量生产能力。峨嵋牌 SF-1 型 120 相机自 1981 年试装 102 架，1982 年生产 1000 架，1983 年生产 3004 架。1984 年计划生产 5000 架，但由于销售困难只生产了 2300 架。剩下的部分零件在 1985 年组装 504 架后，即全面停产。峨嵋牌 SF-1 型 120 相机操作简便、成像质量较好，但由于更加小巧、一个胶卷能拍摄更多相片的 135 彩色相机在稍后迅速普及，120 相机的市场就很快萎缩了。该款相机曾于 1985 年间作为福利免费发放给厂里的全部职工，许多厂地青少年因此第一次接触到摄影、爱上摄影，从此成为摄影发烧友。

第五种民品是减震器。1984 年下半年，宁江厂开始研制微型汽车减震器和嘉陵 JH70 系列产品，1985 年底试制生产出部分减震器零部件，并取得国家二级计量合格证，时任兵器工业部部长邹家华还为宁江厂题词："军民结合、再立新功"①。1989 年 11 月，微型汽车减震器通过部级生产定型，达到日本同类产品质量。1989 年后抓住摩托车、汽车大发展的机遇，拓展到微型汽车、轿车、摩托车减震器，形成年产中高档 70—125ML 摩托车减震器 60 万套、微型（轿）车减震器 15 万套的综合生产能力，生产的产品主要为嘉陵、长安、新大洲、建设、哈飞、陕飞、昌河、铃木、宗申、北方易初、五羊等产品配套。到 21 世纪初，宁江厂已成为国内车用减震器生产能力最大的企业，具备年产摩托车减震器 60 万车套（240 万支）、微车减震器 15 万车套（60 万支）的综合生产能力。摩托车和微车减震器的研制成功和投产，标志着宁江厂完成曲折的民品研发，基本实现生产转型。

二、天兴厂

天兴厂严格依据"工艺相近、技术相通"的原则，生产的第一种民品是"铁塔牌"机械报时座钟和定时器。该座钟的零部件从内到外全部都是自制，天兴厂在一两年的时间里就形成了年产 20 万台座钟的能力，后因市场变化而转产。七〇一二工地于 1980 年迁回上海之际，工地党委还专门买了一批"铁塔牌"座钟发放给单位每一名职工，包括送给已调出工场的职工留作纪念②。后来，天兴厂又研制了电风扇、公安产品、汽车制动器、机械定时器、嘉陵 JH70 型摩托车仪表、建设 CY80 摩托车仪表、长安微型汽车仪表，以及各类工具、模具、游丝、发条等。1990 年后主要生产摩托车仪表和汽车仪表，至 1999 年底累计完成 1300 多万套③，成为天兴厂后来的主导产品，具有了国家中型企业规模④。

三、庆岩厂

庆岩厂开发成功并生产的民品有 SC2030 越野载重车、高空消防车、

---

① 中国汽车技术研究中心：《中国汽车零部件工业史 1912-1990》，1994 年，第 342 页。
② 2022 年 11 月 14 日，刘维本口述。
③ 各三线企业民品生产情况，部分来源于《南川区志》第 292 页、293 页。下同。
④ 《中国机械工业年鉴 1995》，第 226 页。

干粉灭火器等。其中，SC2030越野车和高空消防车是其支柱民品。庆岩厂还于1981年生产由綦江县农资公司和东溪农具厂以贵州山地犁为基础试制钢犁，1982年和1983年各生产1320部、1609部[①]。1992年，庆岩厂被认定为重庆市第一批大二型企业[②]。

四、红泉厂

红泉厂先后生产开发的民品有FC型电影机检查仪、红苕切片机、MH3舞台拉幕器、DD28型单相电度表、农用钢铧犁、农用风车、HM酒精炉、40M旋臂井字架、10吨蓄酒罐、塑料挤击机、90型摩托车前后轮总成齿轮、50型摩托车钢卷冲孔机、SC2030汽车转向器总成翻转油缸，等等。到1985年止，先后生产了FC电影机检查仪1375套，MH3舞台拉幕器52台，红苕切片机810台，DD28型单相电度表41165只，90型摩托车前后轮总成齿轮15673套，SC2030汽车转向器总成翻转缸222台。其中汽车转向器和摩托车前后轮总成是其支柱民品。

五、红山厂

红山厂军品任务大幅压缩后，经反复讨论决定搞自己的拳头产品电液压清砂装置，还组织职工对外承包基建工程等。该厂对QYD-101型熔模铸件电液清砂工艺装置重新进行产品设计，并组建电液压清砂装置生产线，经过短短三四个月的努力，于1980年5月1日试车成功，随后即进入批量生产。当年红山厂共生产制造QYD-101型熔模铸件电液压清砂装置6台，1981年又生产4台，先后交付内蒙四四七厂、北安六二六厂、太原七四三厂、上海液压元件厂、湖北第二汽车制造厂、北京六一八厂、齐齐哈尔一二七厂、重庆二九六厂等单位使用。这一装置净重12吨，有14个大部件、157个小部件、1517个零件，但因为单价高达15万元，三线调整时期的用户也极为有限，至1981年即出现滞销，红山厂不得不于1981年7月决定停产。

其后，红山厂又狠抓新品设计试制，发动职工揽接民品任务。经过努

[①] 綦江县志编纂委员会：《綦江县志》，1991年，第565页。
[②] 重庆市地方志编纂委员会：《重庆年鉴1993》，第89页。编者按：驻南三线企业中只有庆岩厂被划归四川省重庆市。

力，1980年承接的民品任务有脚手架、棉编机锭子等精铸件7种；钢球、滑轮等铸钢件7种；矿车球铁轮子、50型摩托车合金铸铁件6种；柴油机冰箱、摩托车铝硬模铸件8种；铸铜件4种；汽车喇叭、运动枪、电风扇、柴油机水箱及漏斗、干粉灭火器气头、多功能电动缝纫机、50型摩托车等铝合金压铸件26种。一年内承接这么多民品生产任务，是建厂投产以来的第一次。而且不少铸件结构复杂，质量要求高，工艺设计和模具制造难度大，也是工厂投产以来少见的。红山厂依靠坚实的技术积淀，仅工具科就在1980年完成新制压铸模具25套、精装模具15套、离心铸造模和铝硬模26套，开创了工厂投产10年来压铸模具制造新记录。同年生产铝合金压铸件57.9吨，其中新品、民品占52.44吨。全年新开发民品铸件58种，民品生产总值达198.3万元。

第三节　厂地抱团发展

驻南三线企业"军转民"的蛹化阵痛和转型期，总体在1980年到1984年之间。如红山厂，1979年至1985年工业总产值分别为466万元、234.2万元、533万元、481万元、636万元、1233万元、1758万元，利润总额则为260万元、-208万元、2.9万元、-213.3万元、-148万元、35.7万元、274.7万元，一方面利润丰厚、旱涝保收的军品大幅下滑，另一方面又需要加大投资组织民品的试制和生产，经济效益的波动就比较大。经过1981年至1983年的低谷后，红山厂终于成功实现转型，到1985年更实现了利润新高，工业总产值达到1979年"历史新高"的3.77倍，其中1985年民品产值（1687.4万元）已达1979年工业总产值的3.62倍。又如红泉厂，自1981年出现严重亏损（-162.5万元），1985年亏损额已降至56.1万元，而1985年工业总产值（722.9万元）首次超过1980年（626.7万元），其中1985年民品产值（594.9元）已接近1980年工业总产值水平。从以上数据可以看到，得益于丰厚的物质、技术储备和强大的创新突破能力，驻南三线企业经历约5年的短暂曲折探索，基本上都实现华丽转身。在此基础上，驻南三线企业与各地军工、地方企业开展广泛合作，通过组建经济联合体等方式"母鸡带小鸡""抱团取暖"，探索实现现代工业生产新跨越。

由于地理位置及所属系统等原因，驻南三线企业多为重庆、成都、广州等地摩托车、汽车产业提供配套服务。如宁江厂生产微型汽车、轿车、摩托车减震器，天兴厂生产汽车制动器、CY80摩托仪表、微型汽车仪表，红山厂生产摩托车铸造件。"八五"和"九五"期间，天兴厂抓住汽车、摩托车市场上升的机遇大力开发生产车用仪表，1992年至1995年间车用仪表产量从20多万套上升到50万套、100万套、150万套、200万套，创出了全国知名品牌，建成了全国规模最大的摩托车、汽车仪表生产和开发基地，成为中国车用仪表行业的"排头兵"和"第一品牌"，资产规模从四五千万元上升到4亿元。1995年9月，天兴仪表厂改制为成都天兴仪表（集团）有限公司，组建以天兴仪表厂为核心的天兴仪表工业集团[1]，1996年在成都取得工商登记。他们又抓住"九五"时期组建上市公司的机遇，于1997年4月22日推动成都天兴仪表股份有限公司（简称"天兴仪表"，代码0710）在深圳证券交易所上市，成为当时中国兵工车用零部件行业唯一的上市公司和中国车用仪表行业第一家上市公司[2]。

下面以红山厂和南川本土企业为例，概要介绍驻南三线企业加入重庆地区汽车、摩托车行业经济联合体，实现民品生产跨越式发展的历程。

一、红山厂

1980年2月8日，五机部和四川省五机局在嘉陵厂召开XM50型摩托车生产专题会议，确定由红山厂承担其11种铸件的配套生产任务。1980年9月26日，嘉陵牌摩托车经济联合体正式成立，这是全国第一个跨部门、跨行业，军民结合、军地结合的松散型横向经济联合体。红山厂是首批参加嘉陵牌摩托车经济联合体的5个工厂之一，另外3个工厂是浦陵机器厂、

---

[1]《中国机械工业年鉴1995》，第10页。
[2]《南川市文史资料》第14辑，2001年12月，第17页。

华伟电子设备厂、南川机械厂。1980年底至1981年初，该联合体又先后吸收工农弹簧厂、电影机械厂、长江橡胶厂加入。在联合体中，嘉陵厂拥有比较先进的冷挤压设备和技术，又有生产轴承的经验，担负了摩托车架、磁电机、点火线圈、消音器、化油器和轴承等部件的生产，并完成成车总装；浦陵厂和华伟厂都是拥有生产小型汽油机优势的专业厂，他们负责生产发动机；红山厂具有精铸和铝压铸的专长，担负摩托车铝合金压铸件8种、精铸件1种、合金铸铁件1种的生产；长江橡胶厂具有40多年生产橡胶杂件的历史，担负摩托车37种橡胶杂件和轮胎泡沫座垫生产；工农弹簧厂担负摩托车全部29种弹簧的生产；南川机械厂原生产架车，经过调整充实承担了整个前后轮网的生产；电影机械厂主要担负摩托车离合器和部分后制动器组合的生产。

1980年12月，红山厂将原102车间拆分后新组建一个以压铸为主的生产车间，代号"104车间"。该车间于1981年1月正式成立。从1981年1月至1985年10月，红山厂连续三次大规模调整扩大压铸生产能力，压铸机从过去的3台猛增到19台，压铸生产能力由年产60吨增加到1200吨；先后四次扩大工装模具制造能力，压铸模产量从1980年的25套提升到1985年71套。1980年至1985年，红山厂先后向XM50型摩托车协作配套厂提供铸件1402.58万余件，其中前后轮毂52万余件，累计产值3294余万元，占该时期工厂工业总产值的66%强[1]。

1981—1985年，红山厂根据四川省五机局生产协作定点部署，先后为平山厂试制生产PSM90-I型"双狮牌"摩托车铸件41种138万余件，为长安厂试制生产SC2030型（即2026A）汽车铸件65种3.47万余件、SC110微型汽车铸件13种1.25万余件，为建设厂生产50型摩托车合金铸铁件气缸体22种1354.55万余件。到1985年底，红山厂的生产能力实际达年产精密铸钢件215吨、铜合金铸件15吨、铝合金铸件1195吨、铁合金铸件289吨，共计1714吨。

---

[1] 据《嘉陵摩托车经济联合体调查》（载《西南师范学院学报》1983年，第4期，第14—21页）相关数据，红山厂1983年摩托车产值在工业总产值中占比为32.7%。

二、南川乡镇企业

重庆地区的摩托车、汽车产业的发展壮大也为南川乡镇企业带来新的机遇,特别是驻南三线企业"母鸡带小鸡"的效应也促进了南川本土企业向摩托车、汽车零配件领域进军。从 1984 年开始,先后有龙济机械厂、石溪机械厂、东方红水泥铸造车间、黄桷机械厂等南川乡镇企业,为重庆嘉陵摩托厂生产 CT50 型、H70 型、H125 型、JH70 型摩车的汽缸体、后制动器踏板、前后减震、左右底筒、连接板、蹄块等零部件[①]。驻南三线企业民品生产走向重庆乃至全国的过程,也是南川乡镇企业走向大重庆工业协作,实现南川机械工业新发展的过程。

始建于 1965 年的南川机械厂,过去主要生产"驾驾车"和部分农业机械,1980 年加入嘉陵牌摩托车经济联合体后,1981 年工业总产值比 1980 年增长 3.5 倍,实现利润增长 3 倍;1982 年的利润比上一年又增长了 25%。在联合体中,几个老牌军工厂尤其是"龙头"厂对联合体其他成员厂给予大力帮助。如嘉陵厂派出工程技术人员帮助南川机械厂上轮毂生产线,亲自调试、安装。在上镀铬线时,从设计直至交付使用都负责到底。同时,他们还接纳了南川机械机厂工人来厂学习。南川机械厂干部动情地说:"我们从亏损到盈利,进一步发展到现在的规模,靠专县的力量是办不到的。对于这一点,我们厂、南川县委和涪陵地委是很感激(嘉陵厂)的。"南川机械厂于 1986—1993 年完成三次技改,成为设备齐全、功能配套的南川重点企业。1994 年 6 月,南川机械厂改制为南川飞奔实业公司,后于 1998 年申请破产[②]。

1997 年,宁江厂和天兴厂同时入围成都市工业企业 50 强,其中宁江厂为第 35 名、天兴厂为第 45 名[③]。1998 年,宁江厂、庆岩厂、红山厂、红泉厂被认定为重庆市重点工业企业,同时被认定为重点工业企业的还有飞奔实业公司、维丰化工厂等南川本土企业[④]。

---

① 《南川市乡镇企业志》,2005 年 12 月,第 141 页。
② 《南川市经济委员会志》,2003 年 4 月,第 221 页。
③ 《成都统计年鉴》,1998 年,第 156 页。由于特定历史原因,1997—1998 年间,宁江厂同时入列重庆、成都企业名录。
④ 《重庆统计年鉴》,1998 年,第 368 页。

部分驻南三线企业 1970—1985 年主要发展指标

完成情况

工厂	类别	1970年	1971年	1972年	1973年	1974年	1975年	1976年	1977年	1978年	1979年	1980年	1981年	1982年	1983年	1984年	1985年
宁江	职工人数	—	2156	2281	2283	2279	2194	2290	2215	2249	2274	2257	2594	2596	2654	2555	2593
	工业总产值（万元）	—	228	565	739	629	723	671	593	924	987	1078	1284	1365	1791	1830	1908.5
	实现利润（万元）	—	-110	-83	34	37.9	64.6	92	41	167	178	159	248	277	539	478.5	475.6
红山	职工人数	1069	1349	1410	1398	1393	1386	1433	1439	1471	1505	1505	1563	1562	1655	1560	1618
	工业总产值（万元）	42.9	74.1	163.6	173.6	156.3	198.6	185.8	254.7	326.5	466	234.2	533	481	636	1233	1756.4
	实现利润（万元）	-29.4	-21.8	-1	-53.9	-119.2	-141.7	-67.2	49	183	260	-208	2.9	-213.3	-148	35.7	274.7
红泉	职工人数	790	1481	1529	1510	1490	1484	1487	1538	1554	1596	1609	1623	1644	1713	1725	1712
	工业总产值（万元）	152.6	108	151.6	405.2	465.3	626.9	700.9	757.6	877.3	1130.9	626.7	285	308	533.5	614.9	722.9
	实现利润（万元）	-12.3	-147.3	3.4	-188.7	-68.5	44.3	119.9	164.5	159.5	120.7	17.6	-174.4	-230.8	-150.9	-187.4	-88.8

第八章
厂地协作与融合发展

三线企业自始至终高度重视与地方的经济社会联系。基本建设时期，通过"工农结合、厂社结合、亦工亦农、半工半读"形成企业与地方的相互扶持、相互体谅，为庞大基建任务的高速高效完成打下了良好的内外部基础。进入生产阶段，厂社之间的相互扶持与体谅或有所弱化但并未消失，且合作交融的质量与效率更高，拓展到社会、人文和产业等更深层次的领域。

第一节　支援南川地方工业

三线企业与南川地方的工业互通体现在三个方面。一是三线建设客观上巨大的物资需求，对南川地方的实业发展起到了持续推动作用。二是三线企业出于稳定供给侧的目的，主动指导协助南川地方兴办各类实体，形成相对稳定的产业链。三是基于三线企业和南川地方的共同利益，在某些领域探索联办实体。

一、带动地方经济发展

三线建设对南川实体经济客观上的助推作用主要体现在基本建设时期，因需求而创造供给，因需要而改善供给。其影响主要表现在三个方面：一是需求带动。各驻南三线企业的基本建设需要南川当地提供大量建材和其他物资，南川为支援三线建设而突击培育发展一批能源、建材、建筑施工等企业，客观上推动了能源、建材、建筑、农副产品加工等行业的发展。二是实践锻炼。三线建设在南川调配大量民工支援，间接提升了南川劳动力的综合素质，为南川后来的现代工业建设和发展培养、积累、聚集了人力资源。三是改善基础。三线建设的深入推进，附带改善了南川的交通、通讯、电力等基础设施，间接助推了南川经济社会发展。有关内容已在本书第二章有讲述，本节不再赘述。

二、援建地方发展项目

与地方相比，三线企业在资金、技术、信息等方面都占居绝对优势地位，因此他们更多采取援建的方式，基于互惠原则帮助地方发展一些工业产业。

一是企业代建后交付给地方。个别地方无法建设、企业又特别急需的项目，会由三线企业自行牵头建设，建成后再移交给各级地方维护管理。如宁江厂建设现场牵头主抓的北固至水江输电线路和701变电站，建成后就把所有权、管理权、经营权等都整体移交给重庆市。

二是停止使用后移交给地方。这种情况主要发生在基本建设时期或基建结束、队伍撤离时。如施工部队在三线厂区以外的地方建设临时工地，基建结束后该工地对施工单位而言失去使用价值，又不宜恢复原状，就顺势移交给地方处置利用。如建字204部队曾召集数十名民工在南川县城北的较场坝搞预制件，工程兵部队撤走后，该预制场被移交给了南川县城关镇[①]。

三是给予技术指导、资金和物资等援助。三线企业不可避免地占用大量土地，为正确处理工农关系，挽回土地减少所造成的农业损失，减轻地方群众的牺牲，三线企业在地方各级政府的倡导下会积极支持参与一些工农业建设项目。如南川县在木渡、文凤等地新建氮肥、磷肥、机械、建材等工业企业期间，驻南三线企业、施工部队都慷慨支援，提供部分资金、派出专业技术人员进行技术指导、帮助购买先进设备等。北固磷肥厂建厂初期，厂里各种铁塔、管道、机床等设施设备全靠三线企业，主要是庆岩厂的支持帮助，包括降低设施设备原材料成本、降低加工费，以及提供技术人才的指导培训[②]。其他，如红山厂于1969年赞助资金近80万元帮助在永安公社木渡大队新建磷肥厂（后改为水泥厂），庆岩厂帮助南川在文凤乡新建1座磷肥厂等。

四是提供互惠支持。个别工厂生产的下脚料暂时无法回收，就以支援地方发展生产的名义交由地方单位回收处理。如南川县二轻供销公司在1971年至1992年间，先后回收了宁江、庆岩两厂的下脚料1.5万余吨，加工出来的半成品外销重庆、成都等地，换回所需物资解决了二轻企业生产所需原材料。不仅南川，附近的南桐矿区也因此受益。如南桐矿区物资回收公司于1980年为红山厂清理3个积蓄多年的渣场，清理废钢渣共计230吨，价值1.3万余元[③]。

---

① 2020年12月，滕永祥口述。
② 2021年5月，南川北固磷肥厂原厂长、南川区政协副主席杨远才回忆。
③ 重庆市南桐矿区供销合作社联合社：《重庆市南桐矿区供销合作社志（1942—1985）》，第153页。

三、联办工业企业

厂地联办企业的相对较少，主要是三线企业为严格落实上级有关要求，在新办家属工厂（"大集体"）时，为解决土地、人力等的不足而与地方联办工厂。其中以七〇一二工地与南川合办"五七机械厂"最为典型，开创了驻南厂矿与地方联办工业企业的先河。

1971年12月20日，南字816部队七〇一二工程指挥部与南川县达成协议，决定共同筹建一个农用柴油机厂，主要安置已迁往七〇一二工地的部分职工家属，通过开拓本地市场为地方农业机械化服务，开展一些（民用产品的）科研工作。经商定，该厂固定资产属全民所有，人员为计划内集体性质，具体由七〇一二工程负责生产设备、技术和启动资金，南川县负责投资新建厂房、提供基建占地及生产所需原材料。

经第七研究院批复同意并报涪陵地革委批准，农用柴油机厂于1972年2月正式开建并在随后投产。1973年，农用柴油机厂改名为"南字816部队五七机械厂"，简称"五七机械厂"或"五七厂"。"五七机械厂"建成投产后，在组织上由七〇一二工程指挥部领导，南川县派人协助，实质上是受七〇一二工程指挥部和南川县的双重领导。在业务上，生产任务、材料供应、产品销售、地方协作等主要由南川县农机局负责，不仅要完成南川县农机局、外贸局下达的生产任务，还要承担七〇一二工地临时性的加工任务，以及附近公社、大队、生产队的支农任务。由于七〇一二工地职工家属的生产技术、工艺水平等不能适应生产发展的需要，南川县农机局还派出一部分"支厂"技术工人，负责家属职工的传帮带。

第七研究院第十一所的研究方向和优势产业是船用柴油机，但"五七机械厂"最终未能生产柴油机，而将主攻方向转到了农用机械上，主要是CR-55型揉茶机和759转子机。至1978年，该厂已形成机械加工、铸造、冷作3个车间，拥有各种设备50台（件）。这些设备中，除9台为"五七机械厂"自购、自制，另有14台为七一一所下属单位——〇厂的退役设备，25台为借用七〇一二工地的设备。1975年，"五七机械厂"生产的两种型号机械在石溪公社等地的茶厂试制红碎茶获得成功，被上海口岸审评为"浓、强、鲜、香四字俱备"，南川"向阳牌"红碎茶一举成为国际市场畅销品。1975年至1985年，"五七机械厂"与南川县农机修配厂、南川县农机厂联合生产红绿茶加工机械 16 种、2174 台，除满足南川本地茶叶加工，还远销到贵州、云南、广东、广西、福建、山西、河北省等地[①]。

1976 年下半年，七〇一二工程基本建设完工，南字 816 部队撤离现场，工地由第七研究院第十一所全面接管。第十一研究所已下决心不迁往南川，决定让南川县接管"五七机械厂"。经过反复谈判，七〇一二工地党委和南川县委于 1978 年 9 月达成最终协议。同年 10 月 13 日，协议获第七研究院党委批复同意。1978 年 12 月 20 日，亦即南字 816 部队七〇一二工程指挥部与南川县达成建厂协议 7 周年之际，六机部第七研究院七一一所（十一所于 1978 年间改名为"七一一所"）七〇一二工地与南川县委正式签订"五七机械厂"交接协议书。协议书规定：自 1978 年 12 月 20 日起，"五七机械厂"移交给南川县作为"五小"国营企业，隶属南川县农机局领导，作为独立核算单位；工厂在册人员全部移交南川，转为全民所有制新集体职工，工资福利、劳保待遇等与全民所有制职工相同；建厂时由七〇一二工地"转借"的 12 万元，由工厂在 1985 年后有偿还能力时分期偿还，若无力偿还再另行商议；所有自制自购设备、第十一所退役性旧设备、七〇一二工地基建设备等均无偿移交；工地借给"五七机械厂"的 6 台在编新设备继续长期借用；无偿移交工厂现有生产生活用房、办公用具、输电线路、输水管道、电话线路等；该厂现有备用金、银行存款、材料、零配、备件随厂移交作流动资金；七〇一二工地按原办法继续提供工厂所需水、电、运输等。

"五七机械厂"被移交给南川县农机局后，改名为"南川县茶叶机械厂"，也就是"南川茶机厂"。1979 年，南川茶机厂联合四川省茶叶科学研究所研制了 6CFH-8 型沸腾烘干机。1980 年后仿制 6CS-30、6Cz-40 型锤切机、6CzS-115 型振动圆筛机、759-2 转子机、6CMT-60 型静电拣梗机等，6CzS-115 型振动圆筛机已达到国外先进水平。1982 年，南川茶机厂所产茶机制出的红碎茶在全国红碎茶新工艺座谈会上被认为接近世界茶叶品质较好的印度、斯里兰卡、肯尼亚、卢旺达等国家的水平。至 1988 年，南川县茶机厂设有办公室、生产科、机动科、质管科、经营科等科室 7 个，修理、

---

① 《南川县农机局志》，1988 年 4 月，第 41 页。

铸造、茶机、钢体等车间4个，是南川乡镇企业中的佼佼者。1993年7月，南川县茶机厂率先试点产权制度改革，改制为南川机械工业有限公司，是南川首批16家重点企业之一，主要产品有摩托车零部件制造、汽车配件制造、铸件制造、锻件制造、茶叶机械制造等。1999年，南川机械工业有限公司承担实施的"消失模铸造生产线"获重庆市第三届"金桥工程"优秀项目一等奖。

20纪六七十年代的南川虽然受到"文化大革命"干扰，地方工业经济仍得到持续发展。1970年，三线企业工业总产值229万元，占全县工业总产值的12.8%。至1975年，三线企业工业总产值3004万元，占全县工业总产值的54.9%。与此同时，在三线企业的大力帮助下，南川县以氮肥、磷肥、机械、建材等为代表的工业企业得到较大发展，全县工农业总产值增长速度加快。1970年县属工业总产值1522万元，比1965年1049万元增长45%；1975年县属工业总产值达2124万元，比1970年增长40%；1980年县属工业总产值达6722万元，比1975年增长216%；1985年县属工业总产值17054万元，比1980年增长154%。

第二节 开展支农助农服务

驻南三线企业不仅主动与县级及以上单位打交道、开展互利合作，也以各种形式参与到乡村基层治理和建设中去。

如天兴厂迁离南川期间，曾经于2001年10月向原文凤镇丁家嘴办事处提供了一份该厂在南川33年间"积极支持地方建设""为当地群众提供了生产生活物资，丰富了群众的物质文化生活"所涉及的11个项目情况，其支农总价值达47.1万元。现原文照录如下[①]：

[①] 李云中：《天星仪表厂支援地方经济建设的回忆》，载《南川市文史资料》第14期，2001年12月，第62页。

（1）解决天星村三社（罗子岩）用水困难，给该生产队安装二级抽水设备，总投资（当时）达10万元。（2）解决汇江村2、3社用水困难，给两个生产队安装了一级抽水设备，价值达5万元。（3）为汇江村1社用推土机推了一个1.5亩的养鱼池，价值达3万元。（4）为解决当地群众用水用电困难，给农户安装了自来水和民用电，价值可达20万元。（5）为汇江村1、2、3社架机耕桥2座，价值达1万元。（6）为丁家嘴老街提供水泥，打了200米水泥路街面，价值5000元。（7）解决天星与汇江的河堤修复，提供水泥100吨，修复河堤500米，新修引水沟2000米，价值3万元。（8）解决汇江村2、3、4社人畜饮水，支持水管等材料，价值达2万元。（9）解决汇江村150钢管长25米，解决该村1、2、3、4社修江阳大堰洗马凼处跨河过水，价值1000元。（10）解决天星6社修机耕道、便民路所支持炸药、水泥，计价值2万元。（11）支持天星村整修小学所用的材料、水泥、青砖、钢材等，价值5000元。

具体而言，三线企业的支农助农行动，主要表现为物资、资金援助。以提供物资、资金等方式间接参与，甚至以贷款、借款、支援、资助等方式投入，贯穿了整个驻南川期间全过程。

一、援助生产物资

生产物资援助是驻南三线企业最广泛采用的支农方式，主要针对驻地附近的社队。如红山厂曾经支援永安公社农机站车辆、钻床各1台；基建结束后厂方补偿给甘罗大队劳力费5万元，大队用这笔资金新办硫化碱厂，红山厂又送了3台机床。红泉厂从1966年6月至1970年底，支援东胜、半河两个公社钢材244吨、铝材8.5吨、导线2.7万米、电机17台、水泥37吨；1978年为涪陵地区生产动力头94台、抗旱喷头500套，支援南川两个公社资金15万元。

二、援建基础设施

三线建设期间，上级有关领导明确指出：国防厂搬迁到某地，必须依靠当地党政、当地群众，特别是时时刻刻为老百姓着想，切实解决好当地群众的用电、用水问题。这响应号召，宁江厂到达南川以后，把水江街上的电灯全部安到每家每户，1972年又帮助解决了水江街上居民的饮水问题[①]。九一一仓库在建设时期，曾经从库区架设一条专线到达数千米以外的石莲公社的集镇，解决了石莲场全体居民和单位的照明用电问题。红山厂在建厂期间曾支援永安公社相关技术、工具、炸药等，新建水泥桥1座，给附近几个大队安装照明线路；1973年农场下马后把投资8万元在石膏洞附近新建的四级提灌站交给公社，公社的拖拉机到红山厂随到随修；1977主持河道裁弯取直工程，确保15亩水灾地旱涝保收，新增耕地13亩。

三、提供资金支持

如红泉厂于1966年10月为东胜公社提供1.1万元无息贷款购买灌溉用柴油机，1966年11月又拨款8000元给东胜公社用来购买修龙岩大堰右干渠所需的钢钎、炸药、雷管、导火索和煤炭等。也有以"投资"方式，由工厂投入资金，委托地方建设，有针对性的抓好特定区域、环节和基础设施建设。

四、直接参与劳动或帮助运输物资

这种情况主要在基本建设时期。如红山厂曾出动货车为附近生产队运送秧苗，还出动车辆运输种子化肥、修建会堂的建筑材料等。又如宁江厂基建期间，工厂曾组织职工利用工休假支援农村"双抢"。在汽车相对稀缺的三线建设时期，三线企业为地方重大事件、重大建设、重大活动"出车"的现象比较普遍。

五、产品支农

三线企业兴办的6家"大集体"，有的生产农用钢铧犁、农用风车、民用电度表等民用产品，并把这些产品直接供应农村，既就近拓展了市场、

---

① 《南川市文史资料》第14期，2001年12月，第52页。

增加了收入，也达到很好的"支农"效果。企业职工个体兴办的冰糕厂，把冰糕推到田间地头贩卖，也是"支农"的表现形式。

六、设施共享

受三线企业支持度最大的是企业周边群众，他们得到的最大优遇是"三通"。三线企业占用地方资源实现通水、通电、通路，不仅满足了本厂职工家属的需要，也会附带或客观上为周边居民提供"三通"服务，而且多属免费或象征性收费。对祖祖辈辈生活在山沟甚至从未见过电灯、汽车的农民来说，一夜之间用上电灯，吃上自来水，走在宽阔的水泥马路上，对企业的认同感和敬畏感油然而生。

七、文化共享

各三线企业在生活区都建有开放式的运动球场、收费俱乐部（电影院）甚至露天电影院等。1980年前后，宁江厂、红山厂、天兴厂、庆岩厂和红泉厂纷纷搭建了自己的小功率电视差转台，甚至开通自己的电视频道。这些文化设施极大丰富了周边居民的业余文化生活，影响了至少两代人。如水江公社梨坝大队刘先群的家离宁江厂有一小时路程，通常只在水江公社及周边的603地质队、701变电站乃至水江镇电影院看电影电视，但一些最新最热门的电影还得去宁江电影院，他记忆最深刻的有《丝路花雨》等文艺片，以及当年风靡全国的《少林寺》。刘先群家于1985年添置了一台黑白电视机，能收到的只有宁江厂的信号，看的节目有《霍元甲》《射雕英雄传》等，宁江厂还通过差转台在电视信号上重播了《少林寺》。又如，1985年10月9至13日，红山厂在差转机上扩放交通安全录像，将其传播到全厂职工和附近农村社员家中，受教育者达4000余人。

八、优先用工

三线企业的一些非核心区域"脏累重差"的工作，往往通过招聘临时工的方式，解决职工家属之后优先考虑工厂附近的一些农民。如红山厂在甘罗大队向家沟生产队常年招用了几十个临时工，最多的时候达120多人，占向家沟生产队劳动力的90%以上。其中，红山搬运站基本上全部是向家沟生产队的人①。为保证优先使用工厂附近民工，1975年涪陵地区和南川县还印发文件，明确城镇集体建筑安装企业凡未按规定批准而跨越区域承接建筑修缮、承揽装卸运输等经营活动的要按10%的税率征收临时经营税。1975年8月，南川县对迟迟不撤离庆岩厂的南桐矿区搬运社庆岩搬运组征收临时经营税和加成，要求他们于8月20日前"返回南桐矿区抓革命促生产"，同时要求庆岩厂需要装卸搬运力量时得向南川县交通主管部门提请计划，由南川县交通部门负责组织人力。

第三节 公共服务联通共建

驻南三线企业在南川期间，还以各种方式为驻地提供力所能及的公共资源和社会服务，尽一份自己的社会责任。除了前文已经介绍的教育、卫生服务、文化服务等，还积极参与治安、消防等公共服务。

一、治安管理

三线企业抵达南川之初，其保卫关系隶属重庆西南兵工局，南川县公安局也积极参与工程建设和安全保卫工作并为其排忧解难，使上述五个国防厂矿安全顺利在南川"落户"。1980年春，驻南川县三线企业在南川公安局的指导下实行厂社（乡）治安联防制度，分片组建厂社联防委员会，厂社联防委员会下设办公室，抽调专门的办事人员具体实施联防规章制度。经过近三年艰苦努力，联防片区刑事案件发案数较前三年下降60%，破案率提高57%，治安案件和各类事故发生率下降50%，查处率提高20%；厂社纠纷下降69%，调解率提高58.8%。

1985年10月至1988年间，南川县在宁江厂、庆岩厂、天兴厂、红山厂、红泉厂和安坪（七○一二工地）先后组建企业公安派出所，负责维护各厂

---

① 《南川市文史资料》第14辑，第59页。

辖区的社会治安秩序，查处发生在本辖区的一般的反革命案件、刑事案件和治安案件，积极做好预防犯罪和安全防范工作，推进各厂矿内部的社会治安综合治理，协助查破重特大反革命案件、刑事案件和恶性治安案件，行使基层地方公安机关的部分职权。随着各三线企业的搬迁，南川县（市）公安局于1995年至1999年先后撤销庆岩厂、红山厂、红泉厂、宁江厂和天兴厂5个企业派出所，将保卫关系转往迁入地公安机关管理[①]。

具体到各企业，以红泉厂和红山厂为例作介绍。

红泉厂的治安组织和治安制度在1978年前还不健全，放电影、演戏、工会开展其他活动等都由保卫科临时派人维持秩序。党的十一届三中全会召开后，红泉厂逐步建立健全了治安组织和治安制度。1979年由厂工会、保卫科、俱乐部等单位联合成立治安室，负责俱乐部的治安管理。俱乐部开展活动有专人值班负责维护秩序，处理治安方面有关问题。1982年2月，南川县公安局批准成立南川县公安局城一区派出所三泉治安室，由城一区派出所民警1名、三泉药物场保卫干部1名、红泉厂保卫科干部2名共4人组成，负责三泉地区的治安工作。1987年，三泉治安室改建为红泉仪表厂公安派出所，后于1995年撤销。红泉厂还先后多次聘请南川司法部门的领导到厂给职工和家属上法制培训课，其中给子弟校学生宣讲了2次。南川县司法部门召开宣判大会，红泉厂也要组织人员参加，会后还组织专题讨论，分析案件的性质及其危害。

1980年，红山厂成立厂青少年帮教领导小组，负责对厂内违法青少年开展帮教。1982年4月，成立厂综合治理社会治安领导小组，由厂分管领导和工会、团委、保卫、宣传、子弟校等部门领导干部11人组成，后于1985年对成员进行了一次调整。1983年3月，工厂同厂区周围农村社队和地方企业建立"红山地区厂社治安联防委员会"，制定了组织章程和联合公告。"联委会"每年召开1次总结会，平时开展活动也较活跃。1985年，又试行"两个治安承包"，即在厂乡（社）治安联防委员会内部签定"厂乡治安互包协议书"，达到规定指标的由工厂在年终发给一定数量的奖金；在厂内同各单位签定"治安承包合同"，完成合同内容的由

[①]《南川市公安志》，2001年3月，第296、295、290页。

工厂发给一定数量的年终奖金,未完成的扣发奖金。"两个治安承包"调动了厂内外有关领导和群众的积极性,促进了厂区的治安防范工作。其后,工厂各类案件发生数逐年下降,厂区治安状况有了明显的好转,基本达到治安案件查破率达80%以上、刑事案件破案率达70%以上的要求,有力打击了违法犯罪活动,保卫了工厂安全和职工群众合法权益,维护了厂区的治安秩序。

二、消防事业

驻南各三线企业在大山深处,厂房住房集中、人员集中,设施多、用料杂,生产的是军工产品,周边还有农户农民,有人戏言"小孩放个鞭炮不小心,就可能引起连锁反响"。为此,每个驻南三线企业都组建了专职消防队,也就是义务消防队[①]。对厂矿来说,专职消防队的设置在于有备无患,完善公共安全体系,统筹发展和安全,提高企业的防灾减灾救灾和急难险重突发公共事件处置保障能力,在防范化解企业安全风险、处置特殊灾害事故等方面发挥重要作用。

红山厂的专职消防队组建于1971年3月,编制为15人,业务工作由保卫科管理。1978年5月,警卫消防队由厂部直接领导。1983年8月警卫消防队撤销,有关工作归保卫科领导。1984年机构调整,消防队定员为12人,配有队长1人、队员8人、消防车驾驶员2人,配备消防车1台,手摇泵1台和其他所需器具。

红泉厂在1971年5月成立专职消防队,从进厂的复员军人中抽调15名年轻力壮的职工从事消防工作,1983年企业整顿后由15人减少到12人。另外,红泉厂还于1973年成立了13个义务消防组织,有义务消防人员67名。到1985年,红泉厂配有消防车1台、两节和三节拉梯各1架、吸水管8节、水轮5支、各种水袋750米、泡沫灭火机120瓶、干粉灭火弹250余枚。除此以外,全厂各单位和所有库房均备有消防器械和消防器材。

各三线企业内部发生火灾的并不多。如红泉厂从建厂到1985年,只发生过两次较大火灾。1969年5月红泉厂临时仓库起火,全厂职工闻风而动,

---

[①] 《南川市公安志》,2001年3月,第319页。

经过一个多小时把大火扑灭。1976年12月，红泉厂汽油库着火，也是全厂职工和消防员一起扑灭的。因为处在南川地区，各专职消防队更多以南川义务消防队的名义，与附近的"五七煤矿"消防队一起参与南川及其周边区县的消防灭火工作。虽名为南川的义务消防队，实际上是南川县（市）除南川消防中队以外重要的专业消防力量。特别是三线企业所在片区乡镇、城乡企业或居民点发生火灾时，所依靠的第一支消防力量就是国防厂消防队。截至三线企业搬迁完毕，南川境内的宁江厂、红山厂、天兴厂、红泉厂、庆岩厂、"五七煤矿"等6家厂矿消防队共计参与扑灭火灾600多件次，为南川的消防事业做出了积极贡献[①]。

1978年9月3日晚8时50分，与木凉小学毗邻的木凉公社办公楼突然起火，倾刻吞没整幢办公楼，殃及木凉小学教学楼及教职工生活用房。因该社通讯设施遭火灾破坏，9时30分南川县公安局才接到报警，迅速组织民警20余人赶赴20余千米外的火灾现场，同时调集庆岩、红山等6家厂矿40余名消防队员前往施救。10时许到达现场后，7台消防车分别从1000余米外的堰塘取水灭火。10时10分左右，公社办公楼顶层堆放的1万余发雷管、300余公斤炸药爆炸，火焰腾空达50多米高，公社办公楼陷入一片火海。广大民警及消防队员临危不惧，迅速切断火源防止火势蔓延，于当晚11时30分将大火扑灭。

1978年9月26日凌晨3时30分，位于南川县城的南川县松香厂发生重大火灾，南川公安局接警后，迅速组织庆岩、天兴、红泉等厂矿义务消防队员74名及公安武警官兵52名参加抢险，于凌晨6时20分将大火扑灭。

1994年11月21日晚8时许，位于水江镇境内的涪陵地区水江煤矿自备油库发生火灾。火势迅速蔓延至整个油库，危及油罐中百多吨存油，随时有燃烧、爆炸的危险。宁江厂、"五七煤矿"2个义务消防队26人第一时间到达现场展开救护，红山、庆岩、天兴、红泉等厂矿义务消防队随后赶到。晚上10时30分，涪陵市消防中队、涪陵卷烟厂和八一六厂的消防队共30余人携带专扑油火的泡沫炮车赶赴现场。全体消防队员和公安干警冒着油罐随时爆炸的危险，于次日凌晨1时30分将大火扑灭。

---

① 《南川市公安志》，2001年3月，第321—324页。下同。

1997年1月29日晚6时30分，水江合作总店发生火灾。宁江厂、水溪煤矿的义务消防队员和水江派出所民警31人第一时间参加救护，涪陵市消防支队消防官兵11人及其他周边区县民警、消防队员、武警官兵40人参加灭火战斗，于当晚11时20分将大火扑灭。

　　另外，各三线企业消防队还广泛参加了南川各地的森林火灾扑救、抗旱救灾等。

第四节　人文交流深入推进

　　三线企业职工及其家属与南川本地居民的交流有三个特征。第一，东北、上海等地区的内迁人员因为语言文化等方面较大的差异，一般只与原住民发生经济往来，人文方面的往来不多。第二，来自中西部城市的安置招聘工作人员与南川本地居民交往较深入，在长期的居住生活过程中逐渐融入当地社会，甚至通婚等。第三，聘录自南川周边及本地的工作人员，他们在经济文化方面从未与本地断裂，并且能够迅速融入当地，与地方人士交往乃至通婚的也较多。第四，随着职工及其家属在南川生产生活的时间越来越长，厂内外经济差距、生活文化差距逐渐变小趋同，特别是在南川成长的第二、第三代"三线人"逐渐成为主体，厂地间人文交流的藩篱渐次被突破，互动融合也越来越频繁和深入。这样的交流与融合主要体现在生活、文化、通婚及人口流动等方面。

一、生活交流与融合

　　入驻南川的三线企业，除红山厂主要来自邻近的重庆市区，其他单位分别来自辽宁（宁江厂）、黑龙江（庆岩厂）、内蒙古（红泉厂）、陕西（天兴厂）、上海（七一一所）等地，其职工更来自五湖四海。直到20世纪80年代，各三线企业的内部工作语言还主要是普通话甚至北方话，夹杂着浓烈的四川（南川）方言味。与之相对应的是，那时南川人的文化程度普遍还不够高。三线企业进入南川前的 1964 年，南川 37.68 万人口中接受过初等教育的有 12.68 万人，接受过初中教育的有 1.26 万人，高中及以上的仅有 2706 人[①]，其中多数分布在城镇，极少居住在三线企业所在的山沟里，很多邻近的村民甚至听不懂普通话。因此，早期进入南川的数千名三线企业职工与厂区周边居民的文化差异极大，个别人员甚至终身未能学会南川话。因此，北方话、普通话、南川方言等语音夹杂共存，是三线企业中普遍存在的现象。

在饮食习惯方面，三线企业内迁职工及其家属尤其喜欢面食，包括馒头、包子、饺子、面包等，这与以大米甚至玉米（当地人称"苞谷"）、红苕、土豆（当地都称"洋芋"而不识"土豆"）为主食的南川本地人有很大的差异。对于土多田少的本土农民来说，更大的差别是"国防厂"不缺粮，还经常吃油吃肉。因此，三线职工及其家属到达南川后，对南川本地人有着比较大的冲击。

> 我们小时候到七〇一二工地，既吃得好又吃不惯，特别是早饭。我们在家时的早饭跟午饭、晚饭没有区别，要么是红苕、苞谷饭、麦饭，要么是"麦耳朵"，一年间很少吃米饭。七〇一二工地的早餐却都是稀饭，非常的清，但一碗只要 1 分钱，也不论碗的大小。配稀饭的有馒头、面包或玉米糕。面包很大，很香，皮很脆，几岁的我们要用双手才能拿住，但当时并不喜欢那种味道。玉米糕蒸得很细腻松软，完全不象石磨的粗糙，切成标准的长方形也很好看。只不过，我们从年头到年尾都吃苞谷饭、苞谷粑，无论他们把苞谷做成什么形状、什么颜色，都只是苞谷粑，实在不想吃。父亲调到宁江厂后，有一天叫上我的两个弟弟去厂里"吃肉"。两个十来岁的娃端着饭围着一大盆炒瘦肉小心翼翼地吃，等到饭吃完吃撑了，那瘦肉还有油腻腻的一大盆，最后只能盯着它发呆。[②]

[①] 《南川县志》，1991 年，第 64 页。
[②] 2020 年 10 月，刘先群口述。

随着时间的推移，三线企业与地方的文化生活差异逐渐减小。由于驻南三线企业与重庆的联系非常紧密，也把重庆话带入南川。二三代三线人开始娴熟掌握南川方言，南川本地青年开始精通普通话，厂地间生活质量水平差异越来小，在人文方面也日渐趋同。与南川周边区县相比，南川方言更趋近于重庆话，也与驻南三线企业有一定关联。

二、通婚联姻与人员反向流动

作为厂地间人文交流融合典型表现的厂地通婚，出现的时间相对较晚且较少。一方面受城乡户籍制度和粮油分配制度的制约，另一方面也受到厂地居民直接交流程度的制约，同时也有观念、文化的影响，特别是来自北方、大城市的外地职工。早期的厂地通婚主要存在于在南川及其周边招录的职工，以及该部分职工群体的后代，他们往往不介意与南川当地居民通婚，特别是1990年代中后期户籍制度相对放开、粮油配给制等取消以后。随着时间的推移，部分三线子弟开始到地方上就业，并因此同当地人结婚生子，变成彻底的南川人。

> 宁江厂有跟地方青年结婚的，甚至也有极少数东北人跟南川地方的人结婚的。当年有一个东北女孩（现在都60多岁了）嫁了个工商银行宁江分理处的工作人员，男方后来也调进宁江厂做了几十年的车工。四川籍职工有同南川人结婚的，一般都在水江地区找对象。对方的工作单位，有701变电站、水江小学和水江中学、水江供销社、603地质队和后来的607地质队等，其中607地质队的职工同宁江厂职工结婚的在5对以上。607地质队的全称是"四川冶金地质勘探公司607队"，驻地就在我们梨坝7队。701变电站的驻地也在我们生产队。当然，工厂搬到成都后，大家都是成都的新移民，这方面的界线就慢慢淡化了。①

1980年代中期以后，随着三线企业子弟校的学生可以升学到南川地方中学，部分三线子弟开始走出厂区，到地方学习乃至就业。厂地间的人员

---

① 2022年11月，刘先群口述。

流动也更加顺畅。如天兴厂子弟校教师陈登义，他于1986年6月到涪陵教育学院脱产学习后就未回到厂里，而是先后在南川县委宣传部、隆化镇北城办事处、西城街道办事处、南川电视台、南川文化委等单位工作。1985年，他与南川县人民医院药剂师陈小敏喜结良缘，从此定居在南川。又如红泉厂子弟陈先林，1984年从西南师范大学毕业后分配到南川中学任教，在南川县城结婚生子定居，1990年代初调到重庆巴县中学（今重庆市实验中学）工作，并意外的与迁到重庆主城的红泉厂重逢。陈先林到南川中学任教那段时间，正是三线子弟到南川地方学校求学的发端，很多三线子弟到地方入学后没有再回到厂里继续父辈的事业，而是分散工作生活在南川、重庆、成都等地。

三、文化交流

20世纪六七十年代的南川农村，有独具特色的文化生活。特别是在县城和场镇，电影、戏曲、话剧、文艺比赛、文体活动，以及玩龙灯、耍狮子、踩高跷、划花船、扭秧歌、打腰鼓等很常见。70年代中后期，坝坝电影进入各个自然村落。进入80年代，"坝坝电影"更成为普通农家操办酒席的必备节目。相对而言，三线企业的文体活动形式更多样，质量也更高。如宁江厂举办的职工书画、摄影展览，职工自排自演戏剧、舞蹈、唱歌等文艺节目，以及每年春节的灯会、"焰火架"等，吸引了远近居民前往观看。另外，三线企业在春节还会举办游园活动、迎春长跑，有的节假日及周末还举办舞会。

三线企业的专业文艺队伍与地方文工团的交流互动也很频繁。如红泉厂从1971年组建文艺宣传队，曾在厂里演出《沙家浜》等文艺节目。他们还派遣文艺骨干到南川县、涪陵地区、重庆市观摩文艺演出，邀请南川文工团等外单位的文艺演出团体来厂演出，聘请南川文工团的老师来厂专门培养话剧和舞蹈演员。1971年至1985年，红泉厂先后组织文艺演出16次，作品有"皮鞋舞""荷花舞""采茶舞"以及四川方言节目《计划生育好》《新婚之夜》，话剧《打电话》《抓兵》，哑剧《拔牙》等20多个，先后参加矿区、南川县、涪陵地区、重庆市举办的文艺会演调演12次。又如红山厂文艺演出队伍先后共自编创作演出了诗朗诵《血》《定叫水电上高山》，诗歌联唱朗诵《红山之春》，舞蹈《精铸儿女心向党》《精铸工人的心愿》《检验员之歌》，小型歌剧《争挑重担》，表演唱《郑大姐节棉纱》《节约工具》，大合唱《红心炉投产》，舞剧《鱼水情》《怀念周总理》等200多个节目。他们排演的大型舞台剧《白毛女》，在厂内演出8场，在各三线企业、南桐矿区、南川县城、南平区演出20余场，受到厂内外观众普遍好评。

　　体育运动方面，驻南三线企业都建有篮球场、灯光球场等，广泛开展篮球、排球、乒乓球、田径、拔河、广播操、象棋、桥牌等群众性体育比赛活动。1977年，宁江、庆岩、天兴、红泉、红山五厂还举办了首届职工运动会。在此基础上，各三线企业积极组织职工和学生参加地方体育活动。因为体育运动较为普及，三线企业子弟校的体育成绩在南川名列前茅。1974年，庆岩厂羽毛球代表队曾代表涪陵地区出席四川省第三届运动会；1977年，宁江厂子弟校羽毛球队曾代表涪陵地区出席重庆少年羽毛球比赛；1979年10月，宁江厂子弟学校学生岳红被选送到四川省排球队；1980年，宁江中学被选为涪陵地区田径训练点；1982年5月天兴厂子弟学校学生朱正云被选送至四川省垒球队[①]。

第五节　加强环保管理

　　驻南三线企业都有对应的行政级别。五机部所属宁江、天兴、红泉、红山、庆岩五厂在早期为县处级，与南川县同级。1990年代初期，该5厂提升为地师级，比南川县高一级。而七○一二工程所属第七研究院为兵团级，也就是省军级，其下属研究所也就是地师级，在南川期间一直比南川县的行政级别高。但无论什么时候，这些企业都能够自觉与南川县甚至其下设部门平等相处，在教育、卫生、环保等属地性较强的社会生态业务中

---

① 《南川县志》，1991年，第612、613、618页。

也能够自觉接受南川有关部门的监督管理。本节对环保话题作简要介绍。

一、环境监督管理

驻南三线企业是典型的机械行业。由于建厂设计时对尘毒治理和"三废"治理等基本上未按"三同时"执行，各厂正式投产后的环境污染问题一直较为突出。以红泉厂为例，根据《兵器工业部环境监测工作条例》规定，各厂应建立三级环境监测站，至少配备设备16种，而红泉厂环境监测站只配备有设备6种，远远不能满足监测要求。据1985年的南川县环保办的调查统计，宁江、天兴、红泉、红山、庆岩等5个厂每年排放的废水约为605万吨，排放废气33098万立方米，排放废渣6536吨。从当年重点测定的119个南川工矿企业污水排放量看，这5个三线企业的污水排放量就占到了总排放量的32.49%。其主要污染源为电镀废水，含有毒物质铬和氰等，污染了鱼泉河、凤嘴江、龙岩河等3条南川的主要河流。

尽管三线企业都另行寻找清洁水源，修建水处理设施，但由于历史条件的限制仍有不到位的现象。随着周边村民健康意识和环境保护意识的增强，厂地纠纷时有发生。如庆岩厂在1974年至1975年初修建水场，但水处理后排出的污水却含有大量三氯化铁和漂白粉，还渗入了附近小河生产队的水井中，社员饮食"不习惯"。为此，庆岩厂为社员们安装了连接使用工厂水源的水管，农户每人每月缴费5分，猪牛每头每月缴费2角。又如1994年7月9日，文凤石峨村村民韦某华、韦某渊、韦某等3人声称庆岩厂锅炉的烟尘落到房屋上损坏了瓦片、危害了果树蔬菜等农作物，遂进入庆岩厂锅炉房夺走手推车、煤铲、火钩等工具，不准工厂生火烧炉，导致庆岩厂局部停产数日，经南川县环保局出面调解并要求厂方整改才得以解决。

排污费征收方面。南川县环保工作于1970年代后期起步，环境监测等具体工作于1980年启动，其后逐步强化了5个三线企业的监管。1980年11月15日，南川县环保办召开驻南国防厂技安环保科科长、技术干部座谈会，专题研究锅炉消烟除尘问题。1981年3月，南川县分期分批开始向包括三线企业在内的污染企业收取排污费。如红山厂截至1985年被征收排污费达65848元。1981年8月，南川县环保办要求天兴厂自1981年3

月1日起每月缴纳废水、废渣、废气排污费1711.26元。

案件处理方面，以天兴厂为例。1981年4月，丁家嘴公社天星大队5队社员反映农作物和蔬菜被天兴厂锅炉烟尘污染而损失严重，经南川环保部门查实，最后决定由天兴厂先期赔偿1980年的粮食、蔬菜损失2395.4元，直到经治理达到国家允许的排放标准并经南川县环保办验收通过为止。一年后的1982年12月，南川县环保办认定天兴厂的烟尘排放已经达标，天兴厂只需要赔偿该年度1至8月损失1500元，9月1日起不用再赔偿相关损失[①]。

二、环境治理

1979年9月，《环境保护法》（试行）颁布，各三线企业更加重视"三废"等治理，综合采取各种行动加以解决。如宁江厂把废弃铁屑加工成毛铁，在治理污染的同时也取得一定的经济效益。截至1985年，5个驻南三线企业先后投资200万元，完成环境治理项目42项，包括建设含铬废水池、酸碱废水处理综合池、医院病毒水及粪便处理池、废水油污分离池、除尘设备等，取得了较好的效果。

红泉厂于1978年开始配备环保人员，1984年底组建了"环境监测站"，由技安科长兼站长，配备技术员2人、化验工2人。1985年，红泉厂组建环境保护委员会，由主管生产的副厂长任主任委员，各车间和有关科室也相应成立环境领导小组。红泉厂环境保护委员会成立后实施了一系列废水处理项目。红泉厂表面处理车间的镀锌、镀铬等，每天排出大量含六价铬的废水，是国家认定的一类废水。1983年，红泉厂双阴柱全饱和离子交换工艺正式投产，经该镀法工艺处理后的六价铬出水浓度达到了国家标准，还可以将废水中的重要金属铬加以回收利用，也免缴了排污费。1984年至1985年，红泉厂又先后开展医院病毒污水、锅炉冲渣废水、洗车含油废水、表面处理含酸碱废水等废水治理工程，还建起了医院污水氯片消毒器、工业锅炉沉淀储渣池、洗车废水油水分离池、酸碱废水中和池等设施。该系列工程总投资约2.8万元，年处理量2.39万吨，能够处理红泉厂每年3万

---

① 《南川县环境保护志》，1992年10月，第13页、15页、23页、25页。

吨有害废水的80%，上缴的排污费也从1983年的1.68万元降至0.7万元。另外，红泉厂还在车间的喷砂装置上安装除尘设备，空压机房增设消音器等，取得了一定效果。

三、环保补助

为提升企业推进环保项目的积极性，环保治理项目验收合格后可以返还部分排污费，也是对企业环保工程的鼓励与支持。如1987年10月，红山厂拟定了利用铸造废砂、煤渣来制砖的项目方案，计划总投资11.2万元，南川县环保办即批复同意返还排污费2万元予以补助。

第九章
为三线企业搞好后勤保障

随着基本建设的竣工验收,南川三线建设进入生产建设阶段。一座座现代化工厂耸立在金佛山脚下的山区沟谷间,带来的不仅有最新工业技术和信息知识,还有大量的人口。三线建设者们为了国家安全与发展把青春与热血抛洒在三线地区贫瘠荒凉的山沟沟或荒野中,甚至把自己的家庭,包括配偶、子女甚至子孙几代人都一并牺牲奉献在三线地区。

来到三线地区后,住在丛山、洞穴、深沟里的职工,病了到哪里就医?到哪里去买米、买菜、打酱油、理发、寄家书?孩子到哪里上幼儿园、上中小学?职工、民工和家属的休闲时光怎么度过?为了保障广大干部职工在高度工业化、流水线化的大建设、大生产中无后顾之忧,能够最大限度做到事业、家庭两不误,当年的三线企业和地方党委政府做了大量后勤支撑工作。

第一节　做好三线企业粮油供应

三军未动，粮草先行。三线建设初期职工较少，吃饭在食堂，大米、面粉等从县城或镇上运回。随着现场职工和家属增多，吃饭等问题就逐渐显现出来。除了三线单位数千名干部职工及其家属，还有数万名建设部队指战员、支重民工等，他们的衣食住行、对外通讯等问题，都摆在南川沿川湘公路的山谷狭长地带上。

在计划经济时代，这一切都需要各级地方政府统筹解决。在实际操作中，他们的生活供应主要由涪陵专区、重庆市乃至四川省一级统筹调度，部分生活用品和日常商品的分销，以及金融、邮政等基础服务就由南川地方来落实，具体由南川县财贸部主管，粮食局、商业局、银行等部门负责。南川县有关部门分别在宁江厂、天兴厂、红泉厂、红山厂、庆岩厂和七〇一二工程设立了工矿商店、粮店、肉店、银行分理处、邮局等，由三线单位负责建筑施工，行政业务隶属南川县各业务部门，党、团、工会关系由南川县任命、工厂代管。

由于正值"文化大革命"，物资本就极度匮乏，虽然按当时物资供应政策一切凭票供应，有时也难以为继。各级领导极为重视，广大商贸战线职工共同努力，千方百计组织采购货源，基本满足在建部队、工厂职工的基本生活需要，保证了各个军工企业的顺利建成和生产、生活所需，支援了三线建设。如1981年，南川县财办修订工业品供应的城乡分配比例，其中工矿企业的分配比例达18%[①]。自1965年冬开始至2000年三线企业全部搬迁，南川承担生活物资供应前后达33年。

[①]《南川县商业志》，1986年12月，第113页。剩下的工业品分配比例中，农村占70%，城镇占12%。

一、工矿商店

工矿商店是三线单位干部职工及其家属、建设部队和民工购物的主要场所。除红山厂由供销社木渡煤矿供应点转为工矿商店外，其余宁江厂、天兴厂、七〇一二工程、红泉厂、庆岩厂等5个厂矿都相继配备人员，就地设店，经营布、百货、副食、五金、日杂、调味品、医药、文具、海产、水果和理发等业务，品种达3000余种，肩负着2万多人的生活。其中宁江工矿商店始建于1965年11月，开始在水江钢厂旧房，1968年迁入厂区；红泉工矿商店始建于1966年10月，开始在大河坝岩洞，后迁入石门沟；庆岩工矿商店始建于1966年10月，开始在农科所，1967年迁入厂区；天兴工矿商店始建于1966年10月，开始在三汇场上，后迁入厂区；红山工矿商店始建于1966年2月，七〇一二工矿商店始建于1969年[1]。

1966年10月，南平镇供销社派出4人在红山厂厂区利用一农民住房设立了商业门市部，主要经营小百货、小杂货及少量副食品。同年11月，南平镇供销社又派出2人利用工厂新搭临时席棚办起了餐厅。1967年1月，南川县财贸部建立红山工矿贸易商店。接着，南川县商业局委派经理，抽调了10余名商业服务人员，接管南平供销社在工厂设立的商业部门，正式建立红山工矿贸易商店。1968年5月东风厂停建，原东风商店职工并入红山工矿贸易商店。1979年12月，新建的847平方米商店大楼竣工，贸易商店逐步将百货门市部迁入，将副食日杂门市部分开设立。红山工矿贸易商店，最后建筑面积约1900平方米（其中948平方米建筑的固定资产属商店所有，其余为工厂所有）。有职工33人，商店下设百货、五金交电、副食品、日杂和蔬菜门市部、餐厅及一个家属区小卖部。工矿贸易商店常年主要经营品种有：工业品2400余种，日杂品170余种，副食品800余种，蔬菜20余种，饮食10余种。年营业额总计约85万元。1968年下半年，红泉工矿贸易商店开设了蔬菜门市部，1969年12月商店正式分设百货、副食、日杂等门市部。

各工矿商店职工租民房、住岩洞，车路不通用人扛，风餐露宿、夜以继日地工作，1967年的营业额已达103.4万元（不含1969年上马的七

---

[1] 《南川县商业志》，1986年12月，第200页。

〇一二工程）。为便于管理，商店党、政、工、团、妇由厂矿领导，人事由南川县统一安排，业务由主管公司具体指导。各店照实隶属饮食服务公司，1972年转为工矿蔬菜公司，1977年由县商业局工矿股直接指导，1984年6月商业局工矿股改组为南川县工矿贸易公司，至1985年底全公司年营业额达到587.4万元。约在1995年前后，各工矿商店逐渐改制。如天兴工矿商店的资产、债权债务、在职及退休职工等，于1995年12月集体转入天兴集团公司，自1996年1月1日起与南川市工矿蔬菜海产公司脱离了一切关系。

工矿商店的经济效益并不稳定。1978年3月25日至4月8日，南川县物价检查整顿工作队工矿小组对七〇一二工矿商店开展物价整顿检查，就发现该店长期亏损严重。如蔬菜经营，1972年至1974年间经营损失约为24.885万元，相当于65万斤鲜菜，比安坪全部5个蔬菜队1975至1976年的平均蔬菜产量还高21%。又如理发业，1972年至1978年3月营业额3381元，而期间仅支付职工工资就有6279元。其中除了管理不善、贪污挥霍、财务混乱等原因，工矿商店效益较差还与当地其他机构和个人的恶性竞争有关。如七〇一二工程附近除工矿商店外，还有鸣玉区合作商店、西胜合作商店等，以及自由市场中的个体理发、修补、修理行业。如某理发店全体理发匠仅在厂区公路边找一根高板凳、打一盆冷水就理发；福寿公社某修补人员按规定只准赶场天设点经营，后来却悄悄改成了常年设店；北固公社流金大队孟某某无执照任意设摊修理钟表，换个手表油丝，材料进价0.98元而他只收2元；沿塘合作商店将本该卖2.43元每包的味精卖为2.38元，等等。经过各方面的大力整顿和共同努力，拥有25名职工的该工矿商店逐渐恢复活力，于1980年实现利润1.7786万元，比1979年增长27.5%。

三线工矿商店与南川的供货关系也是一个逐步理顺的过程。如红山工矿商店于1966年创办之初，主要由南平供销社提供商品。而南平供销社因紧靠重庆南桐矿区，自1958年以来均在南桐矿区而不是南川县进货。1968年南平到南桐矿区的交通因"武斗"受阻后，红山工矿商店开始在南川百货公司进一部分货源作为补充。1969年5月，四川省百货公司下发文件，要求各地百货公司"不分隶属关系，一律按原供应关系由地方供应"，又说"无论生产、劳保、生活所需物资均按工程所在地下达的货源内进行供应"。这样的结果是，南川百货公司和南桐矿区都于同年6月停止了对红山工矿商店的供货，导致商店不得不关门歇业。从南川的角度，南川百货公司为宁江厂、红泉厂、庆岩厂、天兴厂和七〇一二工程等5个中央单位供货已显困难，再加上一个红山厂就更难，且红山厂向来经南平、南桐矿区由重庆百货公司供货。后经南川与四川省、重庆市反复的反映协商，并报四川省定夺，才最终得到解决。1975年8月26日，红山工矿商店在南川百货公司的组织指导下，在红山厂举办以日用工业品为主，以副食、蔬菜、饮食为辅的商品展销会，销售金额达2.3万余元。

二、果蔬供应

蔬菜是人们每天不可缺少的生活必需品。6个三线企业的蔬菜需求有所差异，南川县合理安排蔬菜购销网点，推行店队、厂队挂钩，实行就地生产、就地供应。先后在3区、4个乡镇、7个村、28个生产队建立蔬菜基地，设置蔬菜门市部12个、蔬菜面积1807亩、年产640多万斤、品种87个，鱼塘29口、面积94亩，基本上达到每天人均1斤菜的要求。至1981年，南川全县共有蔬菜专业队62个、基地4020亩，年上市蔬菜约3000万斤，担负着5万余名城镇居民和工矿职工的供应任务。菜农们把蔬菜交给蔬菜门市，以此为依据换取供应大米和菜油，即使1981年包产到户后亦如是[①]。

如红泉厂所在的东胜公社，把三泉大队一队、二队、九队、十一队和龙凤大队二队共5个生产队改为蔬菜队[②]。沿塘公社在七〇一二工程所在地安坪设置了5个蔬菜队。水江镇直接把红旗大队6个生产队转建为蔬菜专业队，种植面积500亩，供应宁江厂和附近的其他厂矿等，至1970年产蔬菜1万余担，1980年产蔬菜2.3万余担[③]。先锋公社为供应庆岩厂蔬菜，在白房大队、石峨大队选择7个生产队划作蔬菜生产队，占地452亩，年

---

① 《南川市文史资料》第14辑，第58页。
② 三泉镇原药材村党支部书记梁长明：《对红泉厂建设和搬迁的回忆》。载《南川文史资料选辑》第十四辑。
③ 《水江镇志》，1984年11月，第134页。

产时蔬240多万斤。1972年又增加靠近庆岩厂的白房大队、大兴大队、石峨大队下辖的4个生产队,在不影响粮食生产的原则下种植部分蔬菜,实行以菜换粮,种植蔬菜162亩,年产蔬菜88.3万余斤[①]。除了蔬菜,菜农们还种果树、西瓜,饲养羊、猪等满足厂矿职工需要。对蔬菜队农民来说,最大的好处是他们从此也吃上了国家供应粮,从此不再为口粮短缺担忧。他们实行粮菜挂钩、打分吃粮,最低第月能吃粮食26斤,最高可达32斤。有关部门还组织菜农们到涪陵、重庆、成都等地考察学习,推广冷床、温床、地膜育苗等。1982年水江红旗蔬菜队通过"宽行密植"蕃茄,实现每亩种植8000株、亩产8000至1万斤,还获得涪陵地区奖励[②]。

南川地方蔬菜、水果等有限的数量和品种、质量并不能完全满足职工要求。各三线企业还组织采购人员到外地采购部分蔬菜、水果,特别是香蕉、菠萝、带鱼等南川不能生产的物品。如红泉厂每年都要与外地联系,派专人专车先后去武隆、酉阳、黔江、彭水、秀山甚至湖南省等地购买副食品和蔬菜,于1980年"基本解决了职工家属的蔬菜问题"。

三、粮食供应

驻南6个三线企业自1964年至1967年间先后聚集到南川,全部供应人口超过2.1万人,粮食月定量63万余斤、食油月定量1万多斤,数量非常大,粮油定量标准也不一致。为此,南川县为它们设立单独的管理机构,对口粮标准、户口关系转移、补助粮油变化、票证颁发、销售门市部的设立、营业时间等,按照各厂生产情况进行服务和管理。1965年,水江粮站在宁江厂设立粮食分站,该分站1977年划归县粮食局主管[③]。1968年下半年,南平粮店开始到红山厂设点供应粮油。1969年,粮店房屋竣工后,南川县粮食局正式设立了红山工矿粮店。红山粮店有职工5人,建筑面积234平方米,主要经营粮、油,年销售量为100万斤左右。为支援七〇一二工程建设,鸣玉区粮站把位于安坪的100万斤简易粮仓调拨给南字816部队使用,扣除折旧等费用,仅收取调拨价2038.25元,南字816部队则以替鸣

---

① 《文凤乡志》,1985年5月,第95页。
② 《南川县商业志》,1986年12月,第194页。
③ 《水江镇志》,1984年11月,第175页。

玉区粮站争取 27 吨水泥、3 吨钢材指标作为回报。

1967 年 7 月，宁江厂率先与涪陵地区、南川县粮食局协商开展粮油定量工作，其他各单位也以宁江厂为样板定案上报[1]。初期南川地方粮站只负责派人办理粮食关系、发放机动粮票。随着现场人口的增加，各级工矿粮店开始建立，直接向职工和家属销售粮食。工矿粮店主要经营大米、面粉、面条、食用油等。粮油执行定量管理，按标准供应到户。由于迁来的 6 个单位地区不同，标准不一，工种较多，为了正确执行粮油政策，粮食部门配合公安、厂方等有关部门，在充分核实人数、工种的基础上，进行按时按量的供应[2]。

四、食品供应

三线企业的食品供应主要是肉类方面。红山厂建厂初期，职工购买肉类食品要去永安公社甚至南平镇，因交通不便，往返十分困难。为此，1967 年南平食品经营管理站派 2 人来厂，建立了临时肉食品销售点。1969 年 12 月，正式杀猪场和肉店建成，南平食品经营管理站正式在红山厂设立了肉店。交通不是特别困难的企业附近也有当地食品经营站开设肉店的，如 1965 年宁江厂开工建设后，水江食品经营站即在宁江厂区设立肉食经营分站，向农民议价购买生猪供应工厂职工[3]。1976 年南川县食品公司在所有厂矿所在地设置了食品供应点，其中红泉厂、七〇一二工程、天兴厂和红山厂设有工矿肉店。1977 年 8 月增设宁江厂、庆岩厂工矿肉店。1982 年 7 月全县 7 个工矿肉店与公司脱钩，由所在地食品站直接管理。

关于肉类食品的供应，最麻烦的是三线建设初期猪源缺乏，肉食供应紧张。供应量不大，肉店的规模也很小，每个肉店仅 2 名职工。南川县除规划就地及时采购、组织宰杀，努力做到当天有鲜肉供应外，有哪个肉店脱销就由县食品公司进行调剂。有时还要供应腌腊制品，按人均供应量供

---

[1]《南川县粮油志》，1985 年 12 月，第 72 页、201 页。
[2] 原县财贸部部长韦述职：《为"三线"建设做好物资供应》，载《南川县政协文史资料》第 14 辑。
[3]《水江镇志》，1984 年 11 月，第 174 页。

应。1968年，南川生猪购销量下降，市场猪肉出现紧张，南川县财办、县商业局对全县猪肉实行限额供应，城镇居民每月只有猪肉0.5斤、油2两，三线企业则是每月2斤、油3两[①]。1979年11月，南川县修建的500吨冻库竣工投产，从此才基本满足工厂职工的肉食供应，后来还增加了牛肉、羊肉、蛋的供应。

五、金融服务

随着三线建设进入高潮，除工程建设资金由建设银行拨付外，中国人民银行南川县支行于1967年2月在驻南各三线企业分别设立分理处，经办储蓄、对工厂结算等业务。庆岩厂、天星厂、红山厂、红泉厂、宁江厂、七〇一二工程分理处的代号分别是301分理处、302分理处、303分理处、304分理处、305分理处、306分理处，但内部名称并不对应，如在红山厂的303分理处的内部名称为"中国人民银行南川县支行第四分理处"。初期办公用房、用具、通汇范围、营业时间等也通过双方协商解决。具体储蓄情况以红山厂303分理处为例：中国人民银行南川县支行在红山厂设立的303分理处有职工4人，营业面积136平方米，随着职工私人储蓄逐年增多，1975年储蓄额有6.3万元，1983年有54万元，1984年83万元，1985年升至129.6万元。

当时为了配合建厂，中国人民银行分别在所在地设立了分支机构。由于军工企业的生产规模、产品种类、产品性能等具有保密性，所以当时涪陵地区分行行长刘玉峰同志亲自将庆岩厂、天星厂、红山厂、红泉厂、宁江厂所在地办事处分别以代号定名为301分理处、302分理处、303分理处、304分理、305分理处，对第六机械工业部第七研究所院第十一研究所迁来南川安坪的七〇一二工程指挥部所在地设的办事处定名为306分理处。企业对外名称也分别采用数字代替，使保密程度得以提高。在从事军品生产的60年代末至80年代初期，各厂岗哨林立，戒备森严。由于这一时期是国家采取高度计划经济管理的时期，加之军品是指

---

① 《南川县商业志》，1986年12月，第163页。

令性计划，资金和物资有严格保证，产销十分顺当。这也是驻南军工企业最繁荣和鼎盛的时期，企业效益好，职工福利高，由于工厂已形成相对独立完整的物质文化生活系统，在贫困的山区县内表现出较明显的城乡差别，所以当时人们纷纷以进军工企业工作为荣。

军工企业贷款在80年代初一直较少，5个厂只有不到2000万的贷款余额，银行主要是向他们提供结算服务和职工储蓄服务。厂里职工中北方人居多，他们长期养成了节俭生活的习惯，有积极储蓄的优良传统，加之收入相对稳定和偏高。所以在分理处的储蓄余额一直呈上升趋势[1]。

南川地方金融机构对三线企业的贷款相对较少。据有限资料，1975年南川工行对三线企业贷款余额仅445万元，1980年为508万元。1981年各三线企业开始转产民品，启动摩托车配件、缝纫机配件、木钟、灭火器、铧口、照相机等生产，全年贷款余额增长至1360万元，1985年增至2077万元[2]。

六、邮政服务

邮局（所）主要负责三线单位报刊、杂志、邮件、信件的订阅和分发。南川邮电局于1966年8月在庆岩厂、红山厂、红泉厂、东方红厂、宁江厂和七〇一二工程开通机要通信业务，增加营业员1人、投递员2人，1973年起又新设2条专投三线企业的摩托车机要邮路，后逐步设置6个厂矿邮电支局。

宁江厂初期邮政通信由水江邮电支局派人员常驻经办业务，由于宁江厂离支局有2千米远，后由厂方提供房屋3间，支局派人员常驻厂内经办寄函、包裹、汇兑、发行、投递等业务，1983年10月成立宁江邮政所。庆岩厂初期由先锋邮电所经办，后因业务量大，由厂方提供房屋1

---

[1] 郑清元：《南川工行的发展及其对地方经济的影响》，载《南川市文史资料》第11辑。
[2] 《南川县志》，1991年，第365页。

幢，于1971年8月成立邮政支局。红山厂的邮政业务初期由南平支局经办，因红山厂离南平较远，后由厂方提供房屋1幢，于1970年1月成立红山邮政支局。天兴厂初期由县邮电局派1人常驻经办，后由厂方提供房屋2间，于1970年1月成立天星邮政支局[①]。红泉厂初期由设在三泉药物试验种植场的三泉邮电所经办，派有1人常驻红泉厂临时办理业务，后由厂方提供房屋两间，于1970年1月撤销三泉邮电所成立红泉邮电支局。七〇一二工程于1972年4月成立安坪邮政所，由1名职工经办邮政业务[②]。

第二节　解决三线职工居家出行

　　三线企业初到南川时，衣食住行的条件都较差。宁江厂的主体部分是水江镇下马不久的钢厂和铝氧厂，居住条件相对较好。红泉厂厂址所在地有1958年重庆下放干部修建的约1000平方米土木结构的"红专大楼"和几间小土房，其中"红专大楼"成为现场指挥部及各业务组的办公室和职工、民工宿舍，小土房成为现场医务室和职工食堂。天兴厂的厂部办公室设在三汇公社，其他人员分散住在农民家中。红山厂首批人员在南平镇旅馆食宿，施工现场则只是一片稻田和土地，现场指挥部设在向家沟罗姓生产队长家中，职工和民工住在向家沟、萝卜坎、万家沟、火烧坝等地的茶厂、民房和牛棚、猪圈，白天是办公室，晚上是职工宿舍。

　　在气候恶劣，人烟稀少的深山老林里兴建工厂，困难甚多。当时的现场除了高山峻岭和杂草丛生的森林外，山沟里仅有零星矮小破烂不堪的农舍，施工建厂人员的生活条件全不具备。先期到现场的几十名职工没有住房，没有交通工具，更无食堂，但他

[①] 编者按：原文如此。
[②] 南川县邮电局：《南川县邮电志》，1985年7月，第76—77页。

们没有坐等条件。为了迅速开展工作，先是住在离现场15千米外的南平镇旅馆，每天清晨带上干粮步行到现场工作，中午吃干粮喝田水，冒雨迎风，踏勘现场，了解水文地质，研究施工设备。晚上又步行返回住地休息。为了节约时间方便工作，后又在距离现场6里的木渡煤矿借了一栋1958年大办钢铁时遗弃的破房，屋子断壁残墙，屋顶能见天，有门不能闭，有窗不能关，地上长满草，楼板水不干。这时正值隆冬时节，入夜后寒风透骨，不少职工整夜无法入睡。但没有一个职工有怨言。

我们家是1966年到天星沟的，进沟的时候，我爸爸妈妈才27岁，我才3岁。在建厂初期的前3年，我们家先住了一段时间的工棚，后来住到农民家的阁楼上，3年后才住进了工厂的职工宿舍。我爸爸是技术员，建厂初期那几年，干的却是修路、抬电杆、拉电线之类的体力活。我妈妈是资料员，只能在住的农民家里办公，而住的阁楼下，就是工厂的材料库。我小时候没有幼儿园可以上，只能跟在妈妈身边玩耍。[①]

经过大打"歼灭战"搞基建，各三线单位基本修建完成职工福利区，相关生活功能逐步形成完善。由于1984年前后各单位都计划和筹备搬迁，职工福利区的基础设施主要完成于1983年以前，1983年以后就没有开展大的基建活动，本书所述福利设施主要指1966至1982年间的情况。

一、职工住房

三线职工的住房主要靠厂里分配，双职工住家属宿舍，单职工住单身宿舍。有个别职工与南川本地居民结婚，或职工本身就是南川本地人，他们也有住在附近农村、场镇的。而三线企业住房最突出的问题，一是当年坚决贯彻低标准和"糊豆渣""干打垒"精神，房屋质量较差；二是数量不够，特别是新职工陆续进入和结婚成家、新三线人陆续出生和长成以后。因此，职工住房的建设及分配就成为各厂的迫切工作。如宁江厂从1978年就开始

---

① 刘常琼：《天星厂回忆录》。

启动危房改造，报废拆除"糊豆渣"家属宿舍，到1985年止新建单元式职工家属住房21幢，先后解决了766户职工的住房问题。即便如此，宁江厂剩下546户也是到成都后才解决的。

红泉厂基建完成后，共有职工住房27幢，其中家属宿舍22幢、单身宿舍5幢。职工住房设施较为简陋，结构差异也大。楼层各不相同，有3层、4层、5层；容量最大的可住32户人，最少的可住18户；有单元结构的，有内走廊的，也有外走廊的；户型从一室到四室，面积从17平方米到60平方米；直到1971年所有住房才安装了室内上下水管道。家具方面，每户发给方桌1张、方凳2个、碗柜1个、床若干，职工离厂后需如数交还。1985年后各家各户纷纷自制家具，公用家具才不必交还。由于住房紧张、单身职工的数量实际上并不多，单身宿舍多由无房的双职工、有家属投靠的单身职工居住。这样的情况在各个单位都普遍存在。1972年起，工厂职工人数增长，老职工的小孩渐渐长大，单身职工纷纷结婚，22幢家属宿舍远远不能满足要求。红泉厂就采取改造和新建相结合的办法，1974年至1982年间，先后新建住房8幢，改造旧房13幢，新增住房面积达2万平方米，相当于大基建时期22幢住房面积的总和，解决住房数从378户增至714户，住户从700多人增加到了3406人。

红山厂在基建时期建有家属宿舍20幢、单身宿舍3幢。1975年7月红山厂遭受洪灾，3幢"干打垒"住房计2600平方米住房报废，遂于1976年在东风村新建住房2幢。1978至1983年间是青年职工结婚高潮，职工住房日益紧张，个别职工还需要到附近农户家租房居住。红山厂先后将6幢"干打垒"4680平方米危房报废，新建一批有阳台、卫生间的单元式楼房2653平方米，另外通过改造扩建旧房3幢增加住房面积2086平方米，才基本解决了当时住房困难的问题。当然，随着后来解决两地分居、家属"农转非"等政策的出台，家属宿舍的紧张问题又进一步显现。

住房的分配，以工龄为优先条件，结合家庭人口、性别构成、独生子女、知识分子、侨务政策等，通过计分排队，按先后顺序分配及调整住房。具体分房程序，由职工代表大会组建分房委员会，分房委员会制定分配制度和分配方案交职代会讨论通过，由房管组或行政总务科负责实施。

二、交通出行

各驻南三线单位在"三通一平"中解决了通路的硬件问题，但软件的问题随着人员的逐步到位和数量增长而日益凸显。七〇一二工程处于南川县城去往沿塘、鸣玉、涪陵的公路边，交通出行比较便利；宁江厂距离水江集镇只有1千米左右路程，可以经水江沿川湘公路去往南川县城和重庆等地；红泉厂在后来的三泉乡集镇附近，有南川通往大有的南道公路经过厂区，有半河、大有等乡镇以及贵州道真的班车通往南川县城。虽然各厂都对上宣称"职工出差、外出就医、购置生活用品等十分困难"，前述3个单位并不存在太大问题。真正比较麻烦的是红山、庆岩和天兴3个厂，它们不在交通大道上，其中庆岩厂距离川湘公路约2千米，红山厂距离川湘公路约10千米，天兴厂距离南川至头渡公路2千米、距离川湘公路10多千米。

20世纪60年代的南川客运交通较为落后。1966年，南川汽车站只有2辆以货车经营客运的客车，每天发往万盛4班、涪陵1班、县内区乡8班，至1975年客车拥有量才增至27辆，因此无力单独解决三线企业的客运问题。1971年初，重庆市人交公司万盛站开设了万盛经红山厂、天兴厂、庆岩厂到南川县城的客运线路，但因社会治安原因于1972年10月停止运营。1973年2月，红山、天兴、庆岩三厂联名上报四川省交通局，经四川省交通局、涪陵运输公司和涪陵运输公司南川运输站层层安排，南川车站于1974年4月开通了2班通往上述三厂的客运班车，基本解决了职工的交通困难。

随着各驻南国防厂的巩固发展，各三线企业陆续添置大客车等。到1983年，宁江厂、红泉厂、庆岩厂已各有大客车2辆，红山厂有1辆大客车[①]，在此基础上陆续开通到达县城的职工客车和校车，方便了三线职工和家属及附近农民通往南川县城。

---

① 《南川县交通局志（下册）》，1985年10月，第326页。

第三节　发展三线教育卫生事业

在教育、卫生方面，各驻南三线企业都有自己的各级学校、厂医院等。学校和医院主要为厂内的职工和家属服务，也会兼顾部分周边居民。而学校和医院的业务管理、业务交流及技术培训等，则需要有涪陵地区、南川县或重庆市的参与和交流。相对而言，三线企业的从业人员素质、设施设备和总体质量相对南川县特别是所驻乡镇较高，逐渐发展成为区域教育、卫生高地。

一、教育培训

三线单位承担的教育培训，包括技术培训和文化教育、职工教育和子女教育、职业教育和学历教育等多种班次。最早的教育培训主要是培训学徒工，培训内容包括初级文化补习、实级技术教育、岗位练兵、干部培训等，有电大、电视中专、技校、函授等多个层次，职工教育是其中的重点。如宁江厂1979年2274名职工中，小学及以下文化的有1200多人，占比达52.78%，经过持续教育培训，至1985年已降为808人，占比降至31.16%（总职工人数2593人）。

建厂初期，从各主包厂、副包厂及其他国防厂抽调来建厂的干部、技术人员和工人，其家属子女上学只能到附近的村校、乡镇小学或县区镇的中学就读。20世纪60年代中后期，随着工厂基建接近尾声，工厂人员大量增加，部分老职工带眷调入，子女入学问题的解决变得刻不容缓，各厂建厂指挥部决定新办临时学校。由于校舍尚未建成，一段时间内也只好因地制宜临时解决，直到70年代初才走上正轨。

宁江厂子弟校建于1966年秋，早期中、小学合并办学，学生均系随迁职工子女。与其他三线企业子弟校不同的是，宁江厂子弟校系随厂迁来而不是新建。1968年宁江中学校舍竣工后，中、小学开始分设，但初中毕业生必须到南川中学等外地学校上高中，并受到升学指标、交通、食宿等制约。直到1973年宁江中学成立高中部，职工子女读高中难的问题才得到解决。到1980年代中期，宁江厂子弟校有教职工42人，小学14个班780人，初中学生10班427人，高中学生3个班97人，以及两年制职业班1个32人[①]，教室和办公室25间，配备有电教、音乐、广播、图书等专用教室及常用教具、实验仪器和电教设备等。

庆岩厂子弟学校于1968年3月建立，最初的学校在车库旧址，没有课桌，只有3个小学班60多名学生。1968年8月迁往小河生产队借用民房上课，有5个教学班，并开始办初中班，上级派来大专毕业生11人到校任教。1969年学生增加，就临时搭席棚上课。1971年，庆岩学校教学楼正式建成，1973年开始办高中班。到1980年代中期，全校有教职工80余人、学生（小学13个班、中学14个班）1200人。校内有图书室和物理、化学、生物实验室等。

红山厂子弟校于1969年建成，办有小学、初中和高中。学校初期在职工食堂一间小房内教学，只有1个混合班，16名学生。1970年6月一楼一底的校舍建成后，规模开展逐步扩大。到1980年代中期共有教职员工40人、学生（小学8个班、初中6个班、高中2个班）600余人。

红泉厂的职工子弟校于1969年开始筹办，1970年2月正式开学，校址在红泉仪表厂家属区内。初创时有小学5个班、初中3个班，1972年9月开始办高中班。到1980年代中期，有教职工59人、学生20个班（中学12个班，小学8个班）723人。

天兴厂子弟校于1970年1月创办，占地面积3610平方米，其中校舍1200平方米。初期只有小学、初中，其中初中只有一年级，1973年开始办高中。到1980年代中期，有小学、初中、高中共计20个班891人（小学464人、中学427人），有教职工63人。1990年秋期，还开办了三年制机械专业职业高中班，由重庆市有关方面安排工程师以上职称的技术人员授课，直接到各车间实习操作。

七〇一二子弟学校占地面积约6000平方米，具体情况暂无详细资料

---

① 《南川县教育志》，1987年10月，第156页。以下子弟校师生数据来源同。

可查。1982年9月由涪陵化纤纺织印染厂子弟校接管。

　　五机部所属各子弟校的管理相对比较特殊。学校实行校长负责制，党政事务由工厂统一领导，业务分别受南川县教育局和南桐矿区教育局指导，学生参加南川县、涪陵地区或南桐矿区的统一考试和招生考试。具体来说，除宁江厂子弟校在业务上受南川县教育局指导，其他红山、红泉等厂子弟校都受南桐矿区教育局指导。校际交流方面，更多的是参加南桐矿区、重庆市以及五机部"驻南川五厂"组织的教学竞赛和体育比赛。如红泉厂子弟校自1978年至1985年间先后组织学生参加南川县、南桐矿区、重庆市、四川省和全国的普通话、数学、诗歌、化学、小论文、图画等各种文化比赛共计14批次，获一等奖1个、二等奖7个、三等奖8个，只有1978年的第一次参赛（两批次）在南川，唯一获得的一等奖也是在南川那次。

　　各三线子弟校的优势在于，因为初、高中均由本校自主招生，厂内小学毕业生全部升学，初中毕业生大部分升入高中，高中毕业后也可对口升入兵工系统所属中专和大专院校。当然，三线厂中也有极少部分职工子女在南川县各中学就读。随着三线调整的铺开，以及南川地方初、高中教学质量的提升，1984年起各子弟校部分小学、初中、高中（复读生）毕业生通过参加南川县统一毕业考试和升学考试，进入南川中学、南川二中、南川一中等学校借读，但各厂需缴纳一定数额的借读费用。

　　　我读高中是在南川中学89高。当时在南中读书的三线子女有点多，有宁江、红泉、天兴、红山等厂的，还有庆岩厂的。三线企业的职工子女在南川中学读书，好像还要另外拿些钱。像我这种户口又没在宁江厂，但是因为我的爸爸是宁江厂的，都把我一样地划在要多缴钱的范围内。甚至有段时间，因为我没有交钱，不准我上课。当时我说，虽然我爸爸在宁江厂的，但是我的户口是南川农村的，怎么要我缴钱呢？过后好像没有让我缴钱了，但是还是停了我一两天的课。那时候我就晓得宁江厂是属于三线企业。[①]

[①] 2021年5月24日，刘先群口述。

三线企业子弟校对南川教育的带动效应比较明显。1985年高考，宁江中学升学率达50%，在南川县内引起轰动。一些地方学生特别是工厂附近的贫困学生、单职工子女等就纷纷转入宁江中学就读或补习，还不需要缴补习费。如，水江镇梨坝村刘先进的父亲是宁江厂职工，刘先进在水江中学初中毕业后转到宁江中学高中学习，再考入重庆工业管理学校，毕业后直接进入宁江厂销售处工作[①]。不过从更大广的视野和更长的时期看，厂地间的差距就不太明显甚至出现了地方学校的反超。如截至1985年，红泉厂子弟校17年间共培养初中毕业生182人、高中毕业生479人，考入大学（大专）27人、中专41人；红山厂子弟校18年间共培养初中毕业生492人、高中毕业生411名，考入大学（大专）4人、中专10人；红泉厂子弟校1970年至1980年培养普通高校学生2人。作为比较，以南川县普通片区学校鸣玉中学为例，1978年至1985年8年间，鸣玉中学初高中毕业生考入大学（大专）6人、中专40人[②]。而省级重点中学南川中学仅1985年度高中毕业生考入大学（含大专）的就有108人，初、高中毕业生考入中专的有65人[③]。

二、托幼机构

20世纪七八十年代正处于生育高峰时期。三线建设开始之初，从一线奔赴三线的职工们把家庭、配偶和孩子带在身边，是支撑他们忘我工作、为国为民奉献的又一动力。当然，工厂也把第一时间解决他们的家庭生活问题作为兴办企业的重要组成部分和义不容辞的责任。

各三线企业托儿所都始于建厂初期，早期是托儿所和幼儿园的混合体，后期主要为幼儿园。如宁江厂的托儿所于1966年创办并开始接收职工子女入托，红泉厂和红山厂的托儿所创办于1968年。初创时，托儿所的条件和规模都很有限，只算是临时托儿班，负责把孩子集中起来带着玩。红泉厂利用疗养院和一间旧房，配备3名保育人员，接收了10名小孩。红山厂利用食堂底楼的一间房屋，配备保育员2人，不过只能接收五六岁的儿童。

---

① 2021年10月3日，刘先进口述。
② 《鸣玉中学志》，1986年1月，第140页。
③ 《四川省南川中学校志（下册）》，1985年11月，第45—50页、59—60页、67—69页。

随着基建的推进和职工人数的增多,托幼需求迅速增长,临时托儿所也正式成立起来,而且开始接收婴儿和各年龄段儿童。如,红山厂于1969年在红山村二栋底楼安排3间住房作为托儿所,并在侧面新建1幢一楼一底的房屋作为食堂。1970年1月,红山厂托儿所正式成立,配备所长1人、保育员6人,入托儿童增长至30余人。1971年9月拆分为大班、中班、中二班、小班和婴儿室,还开办了幼儿食堂。此外,为应对家属区分散问题,还在东风村家属区四栋底楼安排2间住房办起了托儿站。1975年7月特大洪水冲垮托儿所后,红山厂先后新建东风村托儿所257平方米、红山村托儿所295平方米,并以此为契机推动托幼工作的制度化、规范化。至1985年,该托儿所先后接收入托儿童达1021名。

红泉厂于1970年7月将石门沟第5栋家属宿舍改造为托儿所,入托儿童增加至148人,保育员也由3人增至35人。1978年新建1幢四层楼房共计2417平方米,设有儿童寝室、活动室、教室、食堂、仓库等,冬有暖气,夏有散热设备。至1985年,红泉厂托儿所有保育员24人、入托儿童213人,有婴儿班1个、小班4个、中班1个、大班1个。

宁江厂于1980年为托儿所修建1幢面积1052平方米的新楼,添置游戏器械和手风琴、电子琴等教具,建立幼儿入托管理制度、保育员岗位责任制度等。至1985年,有教育员9人、保育员29人、儿童125人,为厂子弟校输送了845名受过学前教育的适龄儿童。

庆岩厂托儿所的规模相对较小,1985年有保育员3人、儿童28人,班次只有1个。天兴厂托儿所在1985年有保育员7人、儿童269人,班次7个。

三线托儿所均为"日托"制,食堂负责提供早、中、晚三餐。收费方面,职工独生子女免交保育费、管理费和杂费;南川境内的单职工子女入托需缴生活费,但其他费用按规定减半收取;本厂双职工的婴儿入托不收取任何费用。三线企业的托幼机构与地方相对区隔,不接收地方儿童入托。

20世纪70年代,南川地方的儿童也逐渐有了自己的托幼机构。特别是1977年后,南川县各地幼儿园、托儿所如雨后春笋般发展起来,不仅有公办幼儿园、托儿所,农村各生产队也纷纷创办民办幼儿园和托儿所。其中1977年南川全县有民办幼儿园735个、儿童2.06万人,1978年更升至幼儿园 980 个、2.86 万儿童。不同的是，南川地方民办幼儿园于 1981 年起发生断崖式下跌，从 1980 年的 769 所、1.9 万儿童锐减至 1981 年的 41 所、0.14 万儿童[①]，而三线企业托幼机构则始终保持平稳势头，直到 21 世纪初。

三线企业托幼机构的平稳发展，与三线职工持续高位运行的自然增长率密切相关。三线建设期间的在职工的工作特别繁重、青年职工的住房十分困难、山沟沟里的物质文化生活和精神文化生活均较为贫乏，工厂也实施了严格的计划生育政策，但人口自然增长率仍然居高不下。如红泉厂 1974 年至 1985 年的人口自然增长率分别为 10.6‰、17.7‰、8.83‰、8.83‰、9‰、10.6‰、14.97‰、4.9‰、7.6‰、6.16‰、6.35‰和 10.01‰，仅在计划生育政策最严格的 1981 年至 1984 年间相对较低。先后在 1982 年、1985 年获得全国计划生育先进单位的红山厂，其 1981 年至 1985 年的人口自然增长率仍然达 7.2‰、6.6‰、6‰、6.4‰和 6.38‰。

三、卫生保健

驻南三线企业坐落在金佛山下的大山深处，人口聚集处少则两三千人，多则七八千人，相对独立的专属医院就应运而生。各职工医院的具体情况：红山职工医院成立于 1970 年 6 月，1984 年有病床 63 张、职工 57 人；庆岩职工医院成立于 1968 年，1984 年有病床 60 张、职工 79 人；天兴职工医院成立于 1966 年，1984 年有病床 66 张、职工 75 人；红泉职工医院成立于 1970 年，1984 年有病床 40 张、职工 48 人；宁江职工医院成立于 1967 年 3 月，1984 年有病床 60 张、职工 72 人[②]。

宁江医院是在建厂初期的职工医疗卫生所基础上正式建立起来的，医务人员从建立之初的 28 人发展到 1985 年的 65 人，分门诊部和住院部，设有内科、外科、妇科、儿科、五官科、眼科、中医科，以及化验室、照光室、理疗室、手术室、妇产室、急诊室、注射室、中西医药房等，基本做到一般性疾病、慢性病、急病和小型手术不送外地大医院。

---

① 《南川县教育志》，1987 年 10 月，第 74—77 页。
② 《南川县卫生志》，1985 年 12 月，第 98 页。

红山建厂之初，现场医务工作由主包厂七九一厂借派1名医生和1名护士负责，备有简易药品，能够处理轻伤小病。1967年下半年，从老厂和专科学校陆续调配、分配部分医护人员，开始有了医务室。1969年，红山厂医务室扩大，医生、护士及其他人员达26人，但设备简单，仅有几张观察病床，遇到较难病症只能转地方医院诊治。1970年7月，红山职工医院建成，面积1680平方米，床位60张。1974年又新建传染病房123平方米、X光室84平方米、食堂84平方米。1975年洪水殃及医院，后1982年12月底至1984年9月新建了面积2327平方米的职工医院，环境、设备等大为改善。到1985年，有医师、医士、护师、护士等57人，病床70张，开设内儿科、外科、中医科、妇产科、五官科、理疗科、车间保健站、家属区医务室、照光室、化验室、注射室、特殊检查室、中西药房、挂号室等。

红泉职工医院于1967年3月开始筹建，至1967年底有医务人员21名，能够做简单的分科治疗。因为地处金佛山北麓，又紧邻南川县药物种植场，医务人员曾分赴德隆、鱼泉和金佛山等地采集中草药，不仅解决了药物不足的问题，也充分利用了当地丰富的中草药资源，节约了国家资金。1972年4月，红泉厂修建三层共1400平方米职工医院，1978年再扩建1幢三层572平方米小楼作放射、制剂、库房等。至1985年有医护人员45人，能诊治各类常见病及部分传染病、骨创伤、胃肠造影等，还开展了镶牙业务。1973年夏，半河公社茶沙大队送来一名10来岁的小孩，该小孩下肢开放性、粉碎性骨折，并处于休克状态，情况十分危急。红泉职工医院立即组织人员抢救，经过输液输血、骨折复位及清创缝合手术，小孩最终痊愈出院。1985年，三泉乡某农妇口服"敌敌畏"后被送到职工医院，医院立即采用人工呼吸、气管插管、注射解磷定和阿托品等，经过抢救使病人脱离危险。

与所在的乡镇卫生系统相比，各单位职工医院的设施设备和医护人员配置都相对较强，因此不仅服务本厂职工和家属，还对外开放门诊、住院，收治社会上的病员。水江公社梨坝大队的殷文学年轻时曾患膝关节炎，据说仅仅花费几角钱在七〇一二医院注射一剂"封闭"，就再未复发。而她的女儿刘先群在家摔倒导致右臂粉碎性骨折，也是在七〇一二医院做的X

光检查和治疗。刘先群进入宁江厂工作后，是在宁江医院生的小孩①。

费用方面，各三线企业正式职工均享受免费医疗，职工的直系亲属享受半费医疗。如因厂职工医院条件限制需要前往南川县城或重庆主城就医，就医后可凭发票到职工医院报销。严重的还可由医院派救护车转送，并负责办理一切医疗手续。20 世纪 80 年代中期，各职工医院开始实行医疗费全包干使用办法，为每名职工按月发放定额药费、包干使用、超过一定数额的按工龄长短分比例报销。

职工医院的职责不仅是疾病诊疗，还承担有行政职能和社会职责，如群防群治、职业病防治、传染病防治、婴幼儿预防接种、职工定期体检、职工疗养、爱国卫生运动等，另外还要定期到生产第一线开展巡回医疗。如宁江医院分别在大件、小件、计量、工具、总装和防腐车间建立 6 个保健站，为中小学、幼儿园配备专职保健医生。1975 年，红山厂及附近农村流行急性黄疸性肝炎，厂子弟校和托儿所连续出现病例。职工医院及时开辟隔离病房，组织医护人员指导群众煎熬大锅中草药汤进行预防。1976 年，各三线职工医院还在南川县防疫站的组织下，与南川县人民医院等 18 个医疗单位组成矽尘调查组，对有矽尘的厂矿、养路段等进行生产环境和矽尘作业情况开展调查，在 46 天的调查中体检 1500 多人，拍摄胸片近 1300 张②。1982 年流行性感冒流行，红山职工医院组织医护人员在厂电影院、厂大门、公共汽车站、学校、托儿所等公共场所组织点鼻喷喉约 4000 人次。1985 年，红山职工医院开辟职业病疗养病房 2 间、8 个床位，配备医生、护士各 1 名，还设有药物治疗、气功治疗和营养伙食，每批职业病患者可以疗养 2 个月。

南川派往外地支援三线建设的民兵团也配备有专门的随队卫生保健机构。1970 年，南川 3000 人左右的民兵团赴大竹、渠县支援襄渝铁路建设期间，南川县卫生系统便抽调县、区、社、大队医药卫生人员 89 人组成卫生队，由县人民医院外科主任陈光才任队长、县卫生科（局）负责人侯金铭任指导员，每个营设卫生所，每个连设卫生员 2 名，团卫生

---

① 2021 年 12 月，刘维本、刘先群口述。
② 《南川县卫生志》，1985 年 12 月，第 195 页。

队设病床 42 张，全程随民兵团承担医疗卫生保障任务。1976 年 3 月至 1978 年 8 月，南川组织民兵团赴石柱修筑川汉公路，县卫生局又组织了 12 人的卫生队，全程提供医疗保障[①]。

第四节 大集体和个体工商业

伴随职工进入三线的有大量随迁职工家属及其子女，其就业问题也需要工厂出面解决。由于南川当地经济社会发展相对落后，工厂多处于偏僻的对外交通不便的山区，无法就地吸纳大量的职工家属子女就业，他们主要的就业出路仍然是本厂。那个时期，三线职工有子女考上厂里的技校，是要大肆摆酒请客庆贺的，因为这意味着孩子从此能够顺利走上工作岗位，能够自食其力养家糊口。

20 世纪六七十年代，为响应毛泽东"五七"指示精神，石油、煤炭、化工、建筑、建材、交通、运输、冶金、有色、制药、纺织、机械、轻工、农、林、水、牧、电、军工等 19 个行业曾组织职工家属从事生产自救或企业辅助性岗位工作，为工厂生产和职工生活服务。这些集体所有制企业既排解职工的后顾之忧，也为职工生活提供方便，更为社会创造了财富，它们有一个通俗简洁的称呼：大集体。这些走出家门参加生产劳动的职工家属，被称为"五七工"或"家属工"。与此同时，部分职工也利用空闲时间从事农副业、服务业等的工作。

一、"五七"服务社

驻南川三线企业的"五七"服务社主要创办于 1973 年至 1974 年。创办"五七"服务社的目的是组织职工家属走"五七"道路，参加集体生产劳动，主要从事的是厂区及家属区清洁卫生、缝纫、废料回收、面食加工（早餐店）

---

① 《南川县卫生志》，1985 年 12 月，第 18 页、269 页。

等工作，它的前身是厂办"五七"大学校（对外名称为"工厂家属委员会"）。如宁江厂于1971年4月成立"五七"大学校，当年即组织280人参加基建、缝纫、托儿所等工作。1973年起，各三线厂的"五七"大学校先后改为"五七"服务社。

红山厂"五七"服务社于1973年6月组建，建社初期有职工6人，年底增至12人，到1985年发展为60人。随着工厂管理体制的健全，红山厂"五七"服务社的废料回收业务被厂方收回，服务社通过深挖潜力，还新增了水玻璃生产等业务。"五七"服务社的社长由工厂委派，后改由厂方成立的劳动服务公司管理，但劳动服务公司经理和工作人员仍由厂方委派。

二、家属工厂

改革开放之初，为解决回城知青和大量待业青年的就业问题，各三线企业在"五七"服务社的基础上纷纷创建综合加工厂。截至1978年，南川辖区有"五七"工厂7个、职工498人，资产总额达149万余元[①]。如红泉厂于1980年11月在"五七"服务社的基础上组建红泉机械修配厂，拥有厂房600平方米，各类机械设备28台，职工164人，厂派干部8人、技工6人，下设机加工车间、木工工段、服务队共12个班组。

宁江厂于1978年成立"五七"家属工厂，1982年改为宁江综合加工厂。其生产服务项目有编织筐篮，制作挂架、装产品用的塑料盒、铅封，回收废油等40多种，生活服务项目有缝纫，加工豆腐、面条，开办托儿所等。宁江厂的产品包装塑料盒原由沈阳等地的工厂加工，路途遥远运输不便，而且价钱贵（0.5元/个），还供不应求。改由"五七"家属工厂生产后，不仅供应及时，而且成本降低至0.3元/个。以每年70万个产品包装计算，每年就为工厂节约14万元。仅仅到1979年，"五七"家属工厂就上缴利税6万多元，实现积累12万元。另外，还创办有宁江量具仪表厂。

红山厂于1978年6月启动厂大集体企业创办项目。该厂初期拟命名金山加工厂，经营项目为接管红山厂的铸铁配件生产、汽车大中修两个

[①]《南川县工商行政管理局志》，1985年12月，第166页。

项目，并开发铜屑提炼项目。该有关报告被四川省五机局批复否定后，最终于1978年12月成立涪陵金山修造厂，主要任务是房屋建筑和维修。1980年金山修造厂转向为机械加工，1982年更名为重庆金山机械厂。截至1985年底，该厂建设面积2000平方米，固定资产10.3万元，有职工182人、管理人员9人，设备24台（套）。金山机械厂主要生产机加50型、90型摩托车镶嵌件，1985年加工50型摩托车镶嵌件40.62万件、90型摩托车镶嵌件17.72万件，全年工业总产值31万元。另外还生产绵编机锭子200锭，创造产值26.2万元。其产品良品率均98%，全员人均工业产值达5064元/年。

七〇一二工地的情况相对复杂。1971年，南字816部队七〇一二指挥部同南川县委商议，为解决厂矿职工家属就业问题，由双方共同筹办一个"五七农用柴油机厂"，为地方农业机械化、科研服务，同时也为工厂生产零部件。双方商定，筹建期间的厂房、用地等由南川县负责，七〇一二工地负责投资设备、技术和资金；投产后全部固定资金属全民，人员为集体性质，由七〇一二工地党委领导、南川派员协助，业务由南川农机局管理。1972年2月工厂正式投产，10月由七〇一二单独管理，更名为"南字816部队五七机械厂"，1973年改名为"五七机械厂"。该厂后改为生产茶叶机械，有机械加工、铸造、冷作3个车间，有各种新旧设备50台（件）。1978年12月，五七机械厂被整体移交给南川县，同时改名为"南川县茶叶机械厂"，成为南川县属"五小"国有企业。

"大集体"类似于各企业在改革开放前探索开办的分厂或全资子公司，但招工自主权较弱，经营灵活性也不够强，技术力量较弱，经济效率参差不齐，自身造血功能较差。如红泉机械修配厂，截至1985年先后由工厂垫付零件、工具、运输、水电、劳务等资金4.83万余元，累计亏损达1万余元。从历史发进程看，厂办"大集体"也为几年后的"军转民"乃至企业改制探索了道路、积累了经验。

三、"五七"农场

由于建厂时间较晚、基建及试生产任务繁重等原因，驻南三线企业的"五七"农场启动得相对较晚，而且分为两个阶段。

"五七"农场最早开办于1970年。如，1970年10月，南川县将水江区鱼泉公社油榨房所属的土地划拨给红泉厂，作为其农副业生产基地，开办了鱼泉农场。该农场后于1972年11月撤销。红山厂于1970年10月占用永安公社杨柳湾、唐家垭口等处部分荒地办起职工"五七"农场，开垦荒地300余亩，并投资建成一座四级排灌站。1971年6月，南川县革委会副主任向光弟等在天兴现场拍板决定把原三汇公社桃花山农场直接划拨给天兴厂创办"五七"农场。农场的土地暂时为三汇公社集体所有，但明确为长期由工厂耕种使用。作为补偿，天兴厂要负责接收农场孤儿院的6名人员，补偿农场茶苗的茶种费用及开垦劳动的工分。1971年2月，七〇一二工地在北固公社光芒大队筹办一所"五七"农场，"作为广大干部进行劳动锻炼，接受贫下中农再教育的场所"，每年安排二三十名新分配的学生干部在农场养鸡、养猪及从事农业生产，当地人称其为"黄淦农场"。该农场占用的土地除了荒山，还有热田、热土50亩（按"习惯亩"计为35亩）。双方商定，所占用土地的所有权仍属大队所有，其使用权属七〇一二工地，而使用年限则"由七〇一二根据需要而定"，所占田土的公粮问题也由上级决定。由于情况变化，红山厂的"五七"农场于1973年4月下马，七〇一二"五七"农场于1974年停办，相关土地、设施等都全部退还给生产队。其他企业的"五七"农场也差不多在1973年至1974年间下马。

1978年，各三线企业争相创"大庆式企业"，纷纷提出"像大庆油田那样搞农副业生产"，于是又陆续恢复了"五七"农场。比起几年前，新的"五七"农场对占地等问题的处理就比较理性公允。如，1978年3月，红山厂与永安公社、骑龙大队、合宝大队、永丰大队及有关的3个生产队签订协议，决定恢复原五七农场建设。经重新测算，原占用3个大队的部分土地也就是原农场占地实际约有150亩（后认定为100亩），新协议还明确其使用期限为20年。可以说，新"五七"农场是对原占用土地等的文本确认和规范。"五七"农场在其他方面的责任义务也得到明确，要求农场有保护原农场树木的责任,若因建设需要而砍伐树木需经大队、公社同意；原四级排灌站的电器、设备等由工厂负责修复，排灌站由厂社共同管理，还要免费为附近生产队抽水。

各三线企业职工"五七"农场的生产经营情况，以宁江厂1978年有关情况为例。1978年5月，宁江厂根据"大庆式企业"标准要求，组织工厂职工利用业余时间搞农副业生产。到1978年底，全厂职工参加农副业生产总计投劳11万余小时，开荒种地60亩，挖鱼塘9个，深翻空闲"巴掌地"117块，种植"堆堆苕"74堆，收获稻谷5500多斤、红苕4万多斤，植树1.4万株，养鱼7万多尾、猪138头、兔88只、鸡85只。宁江厂种植"堆堆苕"甚至影响了当地农民，一些生产队也曾在马路的路肩零星堆点土肥，尝试种植"堆堆苕"。

四、个体工商业

党的十一届三中全会召开，特别是三线企业成立工厂劳动服务公司以后，各驻南三线企业开始有计划扶持待业青年甚至在职青年职工，以自愿组合的方式兴办集体和个体经营企业。如红山厂劳动服务公司成立后，组织职工家属和行业青年新建副食店、冰糕房等，还组织他们从事毛铁、铝合金加工等，截至1985年，培训待业青年135人，推荐就业33人，其中水果蔬菜销售就有21.5万斤。又如七〇一二冰糕厂，他们生产的冰糕，除满足本厂职工需求，还用板车装载，沿公路售卖到沿塘、鸣玉等地。这些个体工商业不仅丰富了职工和附近居民的生活，也激发了地方村民大办家庭副业的积极性，如刘先群家就削起了冰棍。

我家在水江公社梨坝七队，大概是70年代中后期，我们家里四处砍竹子，为安坪七〇一二冰糕厂削了一两年的冰棍，手工劳动加严格的标准化生产。冰糕厂管理人员田经明是我大弟的干爹，跟我父亲的关系很好，年仅六七岁的大弟就曾经跟随他从安坪走路到沿塘卖过冰糕。那时水江街上也有冰糕，不过都是白糖冰糕，七〇一二冰糕厂的主要产品是牛奶冰糕，好吃得多，只需2分钱一支，白糖冰糕是1分钱。跟水江的冰糕相比，七〇一二冰糕厂的冰棍制作要求更高，除了长短必须一致，两侧和表面都必须刮得非常光滑圆润。开始每100根要捆扎成一捆，后来1000根一捆，看上去非常壮观。价格上，开始每5根1分钱，随着削棍子的技术提高，价格也降到了10根1分钱。尽管如此，我们仍然卖了不少钱。现在想起来,那已经是家庭手工作坊的雏形。七〇一二工地搬迁后,就没再做,现在家里都还有一些当年没有卖出去的存货,一捆一捆的,有些已经用来发炉火了。①

随着时间推移,工厂职工家属、附近居民等纷纷到厂区要道、家属区等处摆摊设点,一个个新型集市逐渐培育并发展壮大,其中红泉、红山、庆岩、宁江等厂拥有了专属的集镇市场②。如宁江厂"大门",已发展成为能够与水江场镇媲美的小型集市和厂矿农贸市场,除服装、家电等需要到水江街上或南川县城购买,日常生活用品已经应有尽有。而庆岩厂、红山厂、七〇一二工地也成为附近居民主要的赶场点。

当然,与此相应的部分地方传统集镇也因此发展起来。如水江镇,至宁江厂搬迁前已成为一个商业味十足的小镇,其服饰、饮食、运输等行业可以与南川县城媲美。以1978年南川6个区级供销合作社为例,居前两位的水江区供销合作社和南平区供销合作社,其资金总额分别为120万元和87.45万元,分别占6大区供销合作社总额的29.6%、21.5%。

---

① 2020年10月,刘先群口述。
② 《南川县工商行政管理局志》,1985年12月,第98页、168页。

第十章
驻南三线企业的整体搬迁

20世纪80年代,全国范围的三线调整正式启动,驻南三线企业先后调整迁出南川。1982年,七〇一二工地被移交给涪陵地区;1997年前后,红山厂、红泉厂、庆岩厂整体搬迁至重庆巴南区鱼洞镇;1999年至2000年间,宁江厂和天兴厂先后迁至成都龙泉驿。前后数十年的南川三线建设最终宣告结束。

第一节　三线调整的历史背景

所谓"三线调整",包括企业布局、产品结构、产业合作体系、产业布局等方面的调整,还包括把三线企业的隶属关系从中央部委下放到各个地方等,是一个持续时间较长的历史过程。

一、调整规划

从1979年到1983年,国家从三个方面对三线建设进行了部分调整和改造。一是缩短基本建设战线,调整投资方向;二是一些生产任务严重不足的企业转向民品生产;三是对极少数选址不当,难以维持生产,或者重复建设、重复生产的工厂和科研所实行关、停、并、转、迁、换。1983年12月3日,国务院决定成立三线建设调整改造规划办公室(简称"三线办"),开始有计划、有步骤开展企业布局、产品结构、经济关系和经济政策等方面的全方位调整。国务院下达《关于成立三线建设调整改造规划办公室的通知》,调整改造的范围有云南、贵州、四川(包括重庆市)、陕西4省和豫西、鄂西地区内的工交企业,包括国务院各部门在上述地区的直属企业,重点是四川(包括重庆市)、贵州、陕西3省和豫西地区的国防军工企业。1984年6月,又把甘肃省和湘西地区纳入规划范围。这个范围就是后来的"8省1市",首期有调整规划项目121个。

三线地区8省1市共有省属以上大中型骨干企业和科研事业单位1945个,其中军工企业609个。这些单位可以分为三类:第一类有929个,占总数的48%,特征是布局符合战略要求,产品方面正确,经济效益好,有发展前途,建设成功的;第二类有871个,占45%,建设基本成功,但受交通、能源、设备、管理水平等条件限制,军转民后生产能力没有充分发挥的;第三类有145个,占7%,主要是进山很深、布局分散,厂址存在严重问题,没有发展前途,需要关、停、并、转、迁。所谓三线调整,主要就是针对第三类。第三类单位共 145 个，除关、停、转外，需要迁并、迁建的有 121 个。这 121 个项目于 1985 年经国务院批准，成为首批"七五"国家调整项目。这些单位的厂址都存在难以克服的严重困难，如水库淹没、山洪威胁、滑坡、地层下沉、地方病高发、放射性污染、严重缺水等，也有的是钻山太深，导致交通不便、信息闭塞、职工队伍很不稳定[①]。

二、调整原则

国家制定实施三线调整方案以解决历史遗留问题、实施布局调整为重点的[②]，主要是"脱险搬迁"。至于布局调整往哪里走，必须要有一个总体部署。除了必须关闭和停产的没有前途的企业以外，"能迁并的就不要迁建，能就近搬迁的就不要远距离搬迁，能向中小城市搬迁的就不要向大城市集中"。另外，三线企业的搬迁范围应当限于三线地区，不能把三线企业搬向一线地区[③]。

具体搬迁方向，国务院三线办也明确了原料决定、市场决定、技术决定、信息决定等 4 个大原则[④]：（1）向原料产地方向搬迁。一部分军工企业转产民用产品后，所需粮食、棉花或油、气等资源本地不能自给，因此要向原料产地附近的中小城市搬迁靠拢。（2）向产品市场搬迁。许多三线企业转产家用电器、自行车、摩托车、汽车、耐用日用品等民品，必须考虑市场因素，向人口较为稠密、市场购买力较高、商品运输较为方便的中小城市迁移。（3）向有利于发挥本身技术优势和加工协作的地区搬迁。三线企业有相当一部分是技术含量密集或高精度加工企业，必须搬迁到经济比较发达、科学教育单位比较集中的大中城市附近。有一部分只生产配件或需要地方工业为其协作生产配件的企业必须搬迁到周围有一定加工能力的工业区。（4）向有利于技术和市场信息交流的大中城市搬迁。离开偏僻深山荒野，靠近先进技术情报和市场信息，向与世界交流频繁的开放城市搬迁。

---

① 向嘉贵：《略论大三线的调整》，载《开发研究》1987 年第 1 期，第 22 页。
② 李彩华：《三线建设调整改造的历史考察》，载《当代中国史研究》2002 年第 3 期，第 43 页。
③ 吴传钧：《调整布局促进三线建设》，载《开发研究》1987 年第 3 期，第 17 页。
④ 陈东林：《走向市场经济的三线建设调整改造》，载《当代中国史研究》2002 年第 3 期，第 34—42 页。

三、布局调整

三线布局调整以项目化的方式实施。1986年至1990年"七五"期间，国务院三线办总共规划了118个关、停、并、转、迁项目，最后撤销建制12个、就地转产13个、部分和整体搬迁93个，累计迁出职工11万余人，竣工建筑面积500万平方米，完成投资总额约46亿元。1990年"七五"项目基本完成时，国务院三线办又初步制订了"八五"期间三线单位"脱险调整"方案。后经国家批准，纳入"八五"脱险计划的项目有115个，加上"七五"划归首钢的3个结转项目，共计118个（内有3项因故推迟到"九五"，实际实施项目115个）。到1996年底，已有84个项目建成和基本建成，累计完成基建投资80亿元。到1997年底总计建成或基本建成100个项目。

经过前两个"五年计划"的调整搬迁，三线建设在布局上的遗留问题和突出矛盾不同程度缓解。但调查发现，仍有少数三线单位亟需摆脱自然灾害威胁和外部经营环境恶化的制约。为此，国家在"九五"期间继续实施以"脱险搬迁"为主要内容的三线布局调整，但提出了更高的限制条件：一是必须有严重险情，且难以治理，或根治所花的代价太高；二是必须有符合国家产业政策的主导产品和相配套实施的转民或技改项目，迁建后有明显的经济效益和发展后劲；三是必须有一定比例的自有资金和偿还银行贷款本息的能力[1]。到2005年，以"脱险搬迁"为主的三线布局调整计划基本完成，国家共规划安排三线调整改造项目274个，后经合并、改制、重组等调整为201个，累计总投资约300亿元。加上就地调整等，合计达400多个项目，覆盖全国13个省市自治区、28个行业[2]。

四、选择与博弈

从三线企业的角度，工厂要走出山沟首先就要争取到搬迁机会，获得相关政策许可。一方面要向上级单位特别是派下来的调查组反映有关问题

---

[1] 李彩华：《三线建设调整改造的历史考察》，载《当代中国史研究》2002年第3期，第43—51页。
[2] 王春才：《从参与者到研究者：我与三线建设》，澎湃网，https://m.thepaper.cn/baijiahao_9096482，2020年9月10日。

的极端严重性，以引起国家重视；另一方面又要用较强的生产能力和良好的发展形势向上级单位证明自身的发展潜力，不致因为工厂效益太差而被勒令关、停、并、转。其次，要选好迁建的去处。三线搬迁项目总体上按照"产业聚集、专业协作、适度集中、成组迁建"的原则进行布局，地质安全、自然环境和经济地理条件好、区位优势突出、经济聚集度高、综合功能较完善的"大中城市"特别是大城市成为三线调迁项目的首选地。

从接收地的角度，为吸引三线企业特别是科技含量较高、职工素质较强、环境污染不大、产业符合规划要求的企业迁入，各地也需要在地缘、利益等方面开展博弈。如四川省，由于三线建设期间重庆的定点项目较多，因此在调整阶段就对成都有一定程度的政策倾斜。同时，各省区的大中型城市特别是省会城市也纷纷制定出台优惠的政策配套，主动邀请三线企业前往考察洽谈。如成都明确了用电、用气随迁转户的优惠政策，为迁入单位解决10%的"三材"指标；贵州、河南、湖南、重庆、贵阳、西安等地规定了土地征用费的最高限额；重庆、贵阳、襄樊、孝感、岳阳、长沙等地出台免征土地开发费，减免城市建设配套费、水资源费和水电增容费，同步建设各类生活服务设施，安排部分低息贷款指标，将商品住宅按实际修建造价卖给调迁单位等政策。还有些城市在资金和基建指标上给予了很大支持[①]。

第二节　争取纳入调整搬迁

驻南三线企业为三线调整作好了充分准备和超前布局。国家启动三线调整后，宁江厂、天兴厂、红泉厂、红山厂、庆岩厂等驻南三线企业在1983年前后全面冻结了基建工程和住房改造等项目。七一一所自1975年从施工

[①] 周明长：《三线建设调整改造与重点区域城市发展》，载《贵州社会科学》2016年第10期，第46—53页。

部队手中接管七〇一二工地后不仅冻结设备、人员搬迁计划，还把"五七机械厂"等附属资产无偿转让给南川地方。可以说是"万事俱备，只欠东风"。

一、驻南三线企业争取搬迁的主要原因

驻南三线企业积极争取迁出，与三线建设选址布局不够合理、不符合广大三线职工及其家属的现实利益[①]等密切相关。在20世纪八九十年代的南川，渝湘高速、南道高速、南涪高速、南万高速、南两高速以及万南铁路、南涪铁路还没有修建完工，更没有规划修筑渝湘高速复线、渝湘高铁等，南川也没有建立工业园区、商贸物流园区等，驻南三线企业的生产经营和职工生活确实遭遇许多困难，也符合"七五""八五"乃至"九五"期间的迁建条件。

能源方面。南川有丰富的煤炭资源和水力资源，高压输电线路也能满足驻南企业需要，但没有石油资源，石油运输也不方便。1971—1979年，南川地区所需石油需要从武汉船运至涪陵，再用汽车运回南川，1978年起才改用火车由武汉直运万盛再转南川[②]。以红泉厂为例，红泉厂在南川期间每年消耗汽油约1800余吨，主要是由四川省涪陵地区石油公司供应，需要直接到涪陵石油公司提货，甚至比南川当地企业和单位的用油成本还高。

材料方面。红泉厂所需的大部分钢材要到距离350多千米外的永川二三五库提货。

配套方面。红泉厂的主要协作配套厂四九七厂距离红泉厂240多千米，最近的五〇一七、二五七厂也有70余千米。宁江厂发展以减震器为核心的汽车摩托车配件主导产业后，下游总装厂商主要在重庆、成都乃至广州等大城市，物流成本增加明显。

自然灾害威胁方面。红泉厂、红山厂、天兴厂、庆岩厂以及九一一仓库都建在大山大崖下、大溪沟边、大山洞里，特别是建在了金佛山麓的峡沟口地带，多垮山、垮崖、垮洞、洪水乃至干旱等灾害。天兴厂、红山厂

---

① 任荣珍：《激越的音符——写在三线建设调整改造二十周年之际》，载《国防科技工业》2003年第12期，第7页。该文明确指出，"三线建设调整改造代表了广大三线职工和家属的迫切愿望和根本利益，也是党中央、国务院对艰苦奋斗、无私奉献的三线建设者和广大干部群众高度负责的具体体现"。
② 《南川县商业志》，1986年12月，第145页。

都多次遇到过洪灾，造成财产、生命损失。尤其是天兴厂，该厂于1967年2月建厂之初即不愿意建在南川，只是由于当时矛盾暴露不够充分、搬迁条件不够成熟而被上级否决。又如红泉厂，在上级批准同意搬迁前夕的1985年4月12日上午11时左右又遭遇一次山石垮塌事故，一块长5.5米、宽近2米、高1.5米的巨石从废品库后山滑落，砸坏后墙8米长。

南川的经济、社会、文化等方面的整体实力与重庆、成都等城市有着巨大的差异，还没有撤县设市，更没有撤市设区，也没有星罗棋布的文化旅游景区、精品旅游线路和康养地产，1985年城市建成区仅有3.6平方千米、3.5万人[1]（2021年相关数据分别为29.98平方千米、35.34万人[2]），难以满足三线企业职工、家属的生产生活需要。不仅存在职工及其家属生活不便等问题，三线企业怎样留住人才、培养人才、引进人才也面临巨大的挑战。因此，驻南三线企业离开南川，是工厂和职工长期以来的集体呼声。

二、争取搬迁

驻南三线企业在争取搬迁过程中，主要以选址不当为理由。各单位都努力对标上级原则要求，讲深讲透山洪暴发、泥石流冲击、滑坡塌方崩陷等危险灾害隐患，以及无法生存和发展、不宜居住的严重后果。宁江厂、红泉厂、红山厂在1985年前后编纂的"厂史"也突出阐述了选址方面存在的问题：工厂在南川巡山选址、基本建设、抗灾救灾等过程中的种种难以克服的艰难与不适，水源不足且污染严重、地质灾害和自然灾害长期困扰、建筑安全隐患长期存在、交通始终不便、信息一直闭塞、外部社会和人文环境较差、非生产性开支过大等等困难自始存在，客观困难导致干部职工思想状况不够稳定并直接影响未来发展。

1983年3月3日，红泉厂正式向兵器工业部党组提出"关于厂址搬迁的请示报告"。1984年9月29日，红泉、红山、庆岩三厂根据兵器工业部要求开始编制"三线企业调整搬迁项目建议书"。1986年前后，宁江厂、天兴厂等也着手搬迁事宜。为增加批准的可能性，选择迁建的企业都申请

---

[1] 《南川区志》，第139页。
[2] 《南川统计年鉴》(2023)，第67页。

了"联合迁建",因为分迁必然会扩大基建规模,增大基建投资,加重企业负担,三线办一般不会同意[①]。七一一所则停止设备、职工等迁入,同时作好不内迁的准备。

1985年6月,红山厂、红泉厂、庆岩厂收到国家计划委员会关于三线地区企业调整方案的批复,正式入列国家"七五"三线脱险搬迁企业。七一一所于1981年成功终止迁入南川,天兴厂于1988年成功入列国家"八五"三线脱险搬迁企业,宁江厂于1992年成功入列国家"八五"三线调整迁建计划。宁江厂和天兴厂更于1996年前后在成都市注册成立了新公司。

三、确定选址

宁江、天兴、红泉、红山、庆岩五厂迁建工程的具体选址,主要涉及成都和重庆的竞争和选择。经多方博弈,红泉厂、红山厂和庆岩厂于1985年3月收到兵器工业部确认迁建厂址及重新编制项目建议书的通知,该三厂从产业配套以及老厂历史渊源等因素考虑,最终确定联合搬迁到重庆市巴南区鱼洞镇,宁江厂和天兴厂则顺利落户成都市龙泉驿区石灵乡。据说七一一所决定不西迁后曾考虑把七〇一二工地作为七一一所的一个分设工厂,但考虑距离上海太远,包袱会越背越重,最终放弃[②]。

第三节　遗留资产的清算交接

宁江厂、天兴厂、红泉厂、红山厂、庆岩厂和七一一所等三线企业从进入南川、完成基本建设、产品试制、正式投产到启动再次搬迁,前后历时长达30余年,离开期间需要处理的有财产分割、历史遗留问题、不动产

[①] 胡悦晗:《地缘、利益、关系网络与三线工厂搬迁》,载《社会学研究》2013年第6期,第66页。
[②] 《南川市文史资料》第14辑,2001年12月,第43页。

的处置、部分不随迁职工的安置等问题。其中最核心、最难的是不动产。由于驻南三线企业撤离时期正逢南川乡镇企业发展从高潮滑向低谷，一些破产乡镇企业留下的厂房、设施设备等闲置资产无人问津。三线企业的搬迁又成建地制留下了一批使用年限较久远、相对分散的厂房住房等。

> 每个国防厂资产遗址每年的维护费就要百多两百万元。不算七〇一二工地，单是宁江、天兴、红泉、红山、庆岩五个厂每年的维护费就要上千万元，南川地方政府没有这个财力[①]。

驻南三线企业的不动产最终以三种方式进行了处置：一是无偿转让，如七一一所把七〇一二工地无偿转让给涪陵地区，个别企业把房产、设备赠送给周边乡镇和村社。二是低价出售，如九一一仓库把南川境内的房产打包出售给万盛区红岩煤矿，宁江厂把部分家属楼以超低价出售给私人购房者。三是弃之不顾，如果实在无人购买、无处可送，又不可能承担后续的管理维护成本，就将剩下的不动产直接弃置。

驻南三线企业投产以来，个别"历史遗留问题"导致厂地纠纷时有发生。迁离期间又暴露了一批"历史遗留问题"，概括起来有四个方面：（1）驻南三线企业用地系以国家名义无偿征用，部分"占一还二"要求未实质性实施，且一般只补偿了3年农作物收成或部分青苗费，后续的补偿多以支农、免费水电等方式象征性回馈，被占地农民的口粮补偿则根据那个时代的政策实行定量定点供应。工厂搬迁后，周边村民将成为无生产生活保障的失地农民。（2）工厂迁走后，在厂里长期务工的临时工（土地工）既丧失了原有土地又失去了新的谋生之所。（3）工厂长期以免费或折价方式为周边村民提供通水、通电、通电视信号等公共服务，村民们已错过甚至丧失了接入或建设其他公共服务网络的时机。（4）30余年来为工厂提供专职蔬菜种植服务的蔬菜队将结束以蔬菜换米油的历史，由于计划经济时期的粮油供应体系已不复存在，菜蔬队将面临转产压力和粮食来源方式的转变。陷迷茫的个别村民就采取堵路、拦车等非理性方式阻止工厂离开。这些问题经过南川地方政府与企业的协调，最终得到妥善解决。

---

① 南川市经信办原副主任熊元书回忆某县领导讲话，2021年10月采访。

一、红泉厂

据三泉镇药材村党支部原书记梁大云回忆，红泉厂搬迁期间，当地农民纷纷站出来不准其撤走。他们的其理由有两点：工厂把农民的田土占了，现在怎么办；有的农民作为土地工在厂里长期做临时工，这部分人又怎么办。1993年某日，红泉厂党委书记严正奎亲自与药材村协商达成协议：一是由红泉厂为药材村田土偏少的108名农民，每人一次性解决200元生活费；二是赠送解放牌汽车、吉普车各1辆给药材村[①]。红泉厂的厂房在闲置一段时间后终于被卖出去，后被国家依法没收。一部分厂房辗转被南川博赛集团接管，龙骨溪沟被打造成别墅区、度假酒店、度假村以及农家乐等。

二、天兴厂

天兴厂的搬迁遇到四个问题：一是搬迁时间拉得很长，到1999年初只搬了2个分厂，还有80%的产能在南川老厂；二是老厂剩余产能和闲置厂房、设施、设备等需要及时处置；三是周边村社要求对征用耕地给予经济赔偿；四是要求解决搬迁后周边村社供水、供电等问题。其中最核心的问题是，天兴厂建厂时在天星、汇江两村征用了大量良田好土，村民人均耕地只剩下0.5亩（其中田0.2亩、土0.3亩），而天兴厂搬迁后厂址没有复垦甚至未交还村集体。截至1999年3月，个别村民先后4次在马林坝拦路堵路，不准厂方搬走设备和物资，还发生了工人与村民抓扯事件。

为此，南川市政府紧急召开会议专题研究该问题，并最终由文凤镇与天兴厂达成处置协议。协议认定天兴建厂时所征用土地为国有资产，可由天兴厂自行组织招商开发；要求天兴厂于当年6月底前完成天星、汇江、马林及丁家嘴管理处机关的公共供水管网维修；将直接关联的天星1、4、5、6社和汇江5社的转供电改为供电部门直供电；天兴厂拆除电视网络后要负责解决已交收视费用户的转让网收视问题；成立由文凤镇党委书记和天兴厂厂长任双组长的工作组负责协调处理执行中的有关事宜。

---

① 载《南川市文史资料》第14辑，第55页。

三、红山厂

红山厂先后与岭坝乡及部分村签订协议，赠送部分多余设施设备，租借部分可堪利用的房屋，还"支援"一定数额现金。根据有关协议，红山厂于1993年9月底前无偿支援岭坝乡车床、台钻、砂轮机各1台，1994年6月底前赠送1辆"213渝州"车，到1994年底前支援5万元及旧砖、水管、废钢筋等供岭坝乡用于成立派出所、举办企业、改造食堂会议室等；工厂留下合铁、精铸两条生产线解决甘罗、骑龙两村土地工的就业问题；岭坝乡借用红山厂向家沟4号、5号厂房兴办乡镇企业；骑龙村借用红山厂教室1间、食堂1个，红山厂支援骑龙村输电线若干、变压器1台、电动机2台、台钻和砂轮机各1台、气割用气枪及皮管1副、现金3万元；无偿援助甘罗村水泵2台、车床2台、铣床1台及铸铁管若干，把原红山驾校借给甘罗村使用，向甘罗村支付现金5万元。

工厂搬迁后，红山厂遗弃的厂区并没有复垦，当地村民每人只有0.128亩田土，到市场上买粮又没有现金收入，个别家庭甚至只能重新吃起了苞谷饭。红山厂补偿甘罗大队的5万元劳力费及机床等被大队用来兴办硫化碱厂，但很快都办垮了。租借给有关单位的厂房、教室等也荒芜良久多成危房。一时间，甘罗、骑龙又变回了穷山沟，许多青年到了婚龄找不到对象，没有女人愿嫁到那儿[①]。

四、庆岩厂

庆岩厂的厂房厂址未通过正规途径正式转让出去，部分厂房、宿舍等被自然人以"残值"购买，主要用于仓储及兴办企业。

五、九一一仓库

九一一仓库的一期工程在孝子河下游的南桐矿务局，二期工程在上游南川县境内。1982年5月，第六机械工业部改制为中国船舶工业总公司，九一一仓库改隶中国船舶工业总公司西南物管处。1983年初，九一一仓库建制撤销并入设在重庆市的九一五仓库，相关的清算处置工作随即展开。

---

① 《南川市文史资料》第14辑，第59—60页。

库方与南桐矿务局的协商相对顺利，却与南川县石莲乡经历了15次马拉松式协商。由于历史原因，九一一仓库在建设时期未在平面图上详细标明建筑红线，库区界畔、实际占用面积等并不准确。据石莲乡于1984年3月组织人员实测，九一一仓库实际占地面积为48.86亩，但九一一仓库方面只认可其中的21亩；石莲乡还指九一一仓库10多年来从未落实"占一还二"规定，也未给予赔偿。

1985年2月，库方单独与南桐矿务局签订协议，把包括南川境内房产在内的整个库区折价110万元划拨给南桐矿务局，然后函告南川县政府，说"九一一仓库建制已不复存在"。历经多轮争辩、协调、协商、重新丈量等，九一一仓库与石莲乡在1985年10月23日和1986年2月3日签订"补办征地协议书""因历史遗留的界畔问题补充协议书"。两份协议规定，九一一库给予石莲乡返耕地补偿17610元（扣除库方已作"支援"费用后实付8805元）、多占地补偿14587.5元；补偿5吨解放牌汽车1辆作为"安置补助费"；建库以来历年支援石莲乡物资设备等作为"无偿支援"不再扣除，但需扣除测绘费（2500元）、高压开关柜（2800元）、1981年补地2亩补偿费（650元）等。1986年2月的协议达成后，九一一仓库留守人员终于全部撤离。后来，原九一一仓库库区被南桐矿务局（后来的万盛区）转让给万盛红岩煤矿。

六、七〇一二工地

七一一所对七〇一二工地的处置交接持续时间最长，从1976年直到1982年才完成。期间主要涉及"五七"厂及厂房、设备、农场等的处置，其中"五七"厂于1978年9月完成交接。

1981年中，七一一所决定将七〇一二工地厂房等建筑物无偿移交给涪陵地区，涪陵地区再将该处移交给南川县，于1982年11月12日最终移交给四川省涪陵棉纺厂。四川省专门安排由省第六机械工业局副局长刘平东牵头成立了"七〇一二工程交接领导小组"，七一一所成立由党委书房卢长鹤、副所长林镜清、政治部副主任穆玉树组成的交方领导小组，涪陵棉纺厂成立由党委书房刘东升、厂长张九思等组成的接收领导小组，分别于1982年9月6日、1982年11月17两次召开领导小组会议，9月中旬召开有涪陵地委书房兼专员吴非参加的工地全体党员大会，在征地、民房搬迁、地界、民工伤残等问题上协同南川县作出了认真细致的处理。

1982年3月，七〇一二工地与黄淦大队签订《关于原南字八一六部队农场遗留问题处理意见协议》，协议指出：原农场土地已于1974年全部退还生产队，不存在遗留问题；农场和黄淦大队合办的提灌站及水泵1台、电杆14根无偿移交给黄淦大队；农场在用的瓦房9间、耕牛1头及铁锅、木桶、挞斗、大称[①]、喷雾器等少量生产工具等无偿移交给黄淦大队；双方派人清点物资后，遗留问题即处理完毕，今后七〇一二工地与黄淦大队及所属生产队不存在任何争议和遗留问题。

1982年10月28日，七〇一二工地与沿塘公社光辉1队签订《关于几个遗留问题的处理协议》，明确了几个方面处理意见：建设期间建"绞拌站"[②]租用土地5.17亩、推土压土地1.5亩、挖某处地基压土地1.5亩，虽然每年都已支付租金，仍需合计支付土地恢复费6300元；工地支付光辉1队当年的电磨房搬迁及损失补助费2000元；因农业生产发展及物价上涨因素，工地增补1981年至1983年部分土地租金及所欠电费等合计4700元；工地将原预制场电杆3根、临时变电房1间无偿支援给生产队。

第四节　南川三线建设的终止

为搞好三线建设的调整改造，驻南三线企业的搬迁（回迁），主要涉及南川县以及搬迁目的地重庆市、成都市、上海市，当时有关地区都设置了专门机构，南川成立了南川县三线企业搬迁协调办公室，对口协调有关搬迁工作。在此基础上，各三线企业在南川相继完成了搬迁、注销。

一、七〇一二工地

七一一研究所七〇一二工地的搬迁，包括停止迁往南川、回撤工作

[①] 原文如此。实为"秤"。
[②] 原文如此。实为"搅拌站"。

人员等事项。职工方面，原上海籍职工调回了上海七一一所，非上海籍的20名外地人员多转调至无锡七〇二所，四川籍职工则返回原籍。工地于1981年正式决定移交给涪陵地区，于1982年12月完成交接工作。七〇一二工地正式交接后，七一一所在原工地（涪陵棉纺厂）设置了留守组，负责处理留守人员安置等善后工作，留用了少量用具、办公用品，还留用了520、522两栋家属宿舍，安置前的工资、差旅费等仍由七一一所发放。1985年4月1日，七一一研究所决定于即日起撤销七〇一二留守组建制，指定仍留在南川的乔树贞代表七一一所临时负责处理其他善后工作，"直到乔树贞迁出为止"。同时指出，有关善后工作需要"盖章才能办理"时，"由乔树贞同志签字，请棉纺厂办公室给予代为盖章"。留守组建制的撤销，意味着七〇一二工地的最后一个机构被撤销、"七〇一二工地"公章正式回收注销。

二、九一一仓库

第六机械工业部于1982年5月改制为中国船舶工业总公司后，九一一仓库建制随即于1983年初被撤销，但相关善后工作一直持续到1986年。而九一一仓库的公章、文号等也一直使用到了1986年初，即1986年2月3日与石莲乡签订"因历史遗留的界畔问题补充协议书"之时。协议达成后，九一一仓库留守人员即全部撤离。

三、红泉厂、红山厂和庆岩厂

1984年3月27日，重庆市三线建设调整改造规划办公室召开第一次工作会议，讨论研究了重庆市三线建设调整改造规划工作的任务。根据会议要求，市经委、四川兵工局、重庆船舶公司分别组织力量对市属以上的工交企业进行调查，逐一排队。重庆市委按照"关、停、并、转、迁、换"的方针，进一步提出以企业调整、产品调整和技术调整为主要内容的调整方案，着重抓了SC2030载重汽车、SC110微型汽车、C62A货车车皮，以及各类摩托车、民用船舶、电子计算机、综采设备、石油机械等八种重点产品的规划，其中提出科技信息研究机构、知识密集技术密集的新兴产业、用地量不多又无污染的项目可布置在母城边缘的近郊开发区内。红泉、红山、庆岩三厂正式列入国家"七五"三线脱险搬迁计划后，在1993年年中开始大规模搬迁。1997年前后，三厂合并搬迁至巴南区鱼洞镇，成为重庆大江车辆总厂的组成部分。

四、宁江厂和天兴厂

成都因地形、气候、交通、能源、通讯、科学技术、金融服务等优势，吸引了40余家三线企业调迁落户，主要是技术密集的科技企业和科研机构。其中，成都电视设备厂、机电部第二十九所、机电部第三十所、铜江机械厂、七二六一研究所、七一四〇计量站、航天医院、航天中学、四川航天工业学校、川北技工学校、四川华川工业有限公司、成都陵川机械厂、江华机械厂、星光电厂、明江机械厂、宁江机械厂、天兴仪表厂、〇六二基地等陆续搬迁至龙泉驿。宁江、天兴二厂的搬迁工作最早启动于1986年，早期计划联合搬迁至成都，后来又决定赴龙泉驿各自建厂，导致新厂建设工期有所延长。1993年11月，宁江、天兴在成都龙泉驿石灵乡的新区破土动工，新区建设工程代号"双四工程"，由两厂各调派部分职工进驻现场组织施工。1998年，宁江厂的搬迁工作全面启动。1999年3月初，第一批搬迁人员及部分生产生活设施抵达成都。3月28日，第二批职工家属及部分生产设备陆续迁至龙泉驿。至1999年4月，基本完成留守人员和机器设备的搬迁。天兴厂的职工、设备等的搬迁稍晚，于2000年5月才全部完成。

天兴厂的搬迁，标志着自1965年以来为期36年的南川三线建设告一段落。在此之前，二十二库已于1988年停止建设。抵达成都后，一名宁江厂职工兴奋地说："现在，成都的生活远比沈阳好，我们每天的生活丰富多彩，每个人的脸上都洋溢着幸福的笑容，苦日子已经到头了！"[1]

---

[1] 微电影《三迁三入忆征程 发扬传统筑辉煌》，https://www.sohu.com/a/476145054_756151。

第五节 人员安置及财税划转

驻南三线企业搬迁后，各厂厂区进入静默状态，原本热闹喧嚣的厂区就变成寂静的"遗址"。需要后续处置的还有少部分留守人员，包括部分不愿去新厂的职工和部分退休返乡的老职工。三线单位迁走还意味着南川县（市）的税基发生重大变化，南川的财政收入基数也需要因为三线企业的迁离而作相应调减。

一、留下的职工和退休人员

驻南三线企业撤离南川后，部分已退休的单职工未随同前往，他们中的多数回到了位于南川或其他区县的老家，部分老职工甚至重新拾起锄头镰刀回到田间地头。经原三线企业与南川地方的协商，他们的退休工资发放、离退休待遇保障、社保异地认证、异地医保待遇等都得到妥善处置。

离休干部待遇方面。天兴厂离休老干部屈光灿长期居住在南川，出于尊重他本人意愿的角度，天兴集团公司于2011年10月与南川区老干部局签订协议，委托南川区老干部局代管屈光灿，负责其党组织生活、日常政治学习、文娱活动等，其经济待遇仍由天兴集团公司负责，天兴方面每年向南川区老干部局缴纳600元管理费。七〇一二工地在正式撤销时，与涪陵棉纺厂签订协议，明确原七〇一二工地乔树贞、余振国等2名离休干部在未来需要迁出工地时，棉纺厂要派专车负责接送。

一般退休人员待遇承接方面。七〇一二工地与涪陵棉纺厂的协议规定，晏绍华、安佐成、王永成、刘贵省、苏炎辉等5名退休人员经费及黄琪初遗属的补助费等，委托棉纺厂代发。宁江、天兴、红泉、红山、庆岩等厂退休人员党组织关系一律转移到南川地方，有子女随迁成都的由子女代为领取退休工资、福利待遇等，无子女随迁的则以发放可跨地区存取工资卡的方式解决；异地医保问题，早期采取异地就医、集中报账的方式解决，随着川渝两地医保跨省异地直接结算政策的落地而得以最终解决；社保异地认证由工厂所在地社保部门发函至南川社会保部门，由南川社保、公安、乡镇、社区等协助认证。

还有个别在职三线职工不愿或不能随企业搬迁的。此类情形，一般由职工个人联系新单位，工厂协助办理有关手续即可。如天兴仪表厂检验科女职工唐昌敏系南川石莲人，天兴厂迁成都后留在南川县国税局工作。七〇一二工地职工的安置相对较复杂，共有三类安置方式：第一类是提前调离。如七〇一二工地启动搬迁前夕，刘维本、严昌德等于1980年自行联系调到宁江厂，家住彭水县的田经明调到彭水县粮食局工作。第二类由地方接收。七〇一二工地移交南川后，同时还移交了未调走的162名职工，这部分职工最后被安置在新建的涪陵棉纺厂。第三类是既不愿调离又不接受就地安置的14户留守组留守人员。1985年4月1日，七一一所与涪陵棉纺厂签订《七〇一二工地交接后处理善后工作的协议》，为剩下14户留守人员预留了住房，明确其工资由棉纺厂代发、差旅等费用由棉纺厂代为报销、医疗费由棉纺厂暂垫支付。

荣大明是原红山厂职工，1986年8月已办理病退后到南川县城定居。1987年春，荣大明进入南川黄桷机械厂，一年后任县民政局扶贫化工厂厂长，两年后又应邀任县茶机厂副厂长。南川茶机厂改制后，荣大明应邀到县武装部枪械修械所任所长。枪械所改制后，荣大明又改任县隆化职业中学汽车修理厂厂长。然后汽车修理厂也改制了。1994年初，荣大明个人投资约10万元办起自己的荣达机械厂，雇请10个工人，主要生产农民切猪草的切草机，直到2018年因个人年龄太大而停产关门。荣达机械厂是南川第一家切草机生产厂，24年间生产切草机近20万台，产品销售到南川、武隆、彭水、黔江以及贵州省道真、正安、桐梓等地。荣大明最得意的一件事，是担任南川茶机厂副厂长期间，先后赴辽宁阜新机械厂为县茶机厂和县机械厂购买压铸设备2台和5台，又从红山厂请来压铸技术人员传授技术，使压铸技术在南川地方迅速推广开来。时任分管工业的副县长陈光辉专门到厂里对荣大明说："大明同志啊，你为南川工业填补了压铸技术的空白。感谢你呀！"[1]

鲁具学于1995年9月从庆岩厂退休，3个子女于1997年迁到鱼洞，他和妻子却留在了南川。人生大半辈子，欠得最多的是父母，做得最少的是农活。趁着父母健在，就回家帮助父亲做点农活，帮助母亲做点家务。鲁具学帮助父亲犁田耙田，栽秧挞谷，很快学会了全套农活；妻子则帮助母亲做些家务，做些地里活儿。他们的儿女都在重庆安了家，每年春节都回家过年。2020年10月的一天，已82岁的鲁具学一个人在家中，父母已经过世多年，妻子也离开两年有余。他不再耕种田土，也没喂猪牛，只养了几只鸡鸭。他说，趁自己还行动得了，做点菜、煮个饭自己吃还行，至于去重庆同儿女们一起安度晚年，以后再说吧。[2]

1990年退休的刘维本没有跟着子女去成都，而是留在了老家农村，与妻子殷文学一起干起了犁田、耙田、栽秧、挞谷整套农活。妻子于1997年生病丧失劳动能力，大女儿和小儿子于1999年3月随宁江厂迁往成都，他一个人在水江撑起家中的一切，还学会了全套家务活。2015年妻子病逝后，他一个人守着600多平方米的老屋。2021年12月接受采访时，79岁的刘维本早习惯了农村的一切，只是已不再养猪，养几只鸡、鸭、鹅、猫、狗，还养过鸽、兔，再精耕细作几亩油菜、白菜、苞谷、红苕，过着平静的老农生活。

听说庆岩厂要搬迁到重庆鱼洞，周昌旭决定想办法留下来。1986年8月，周昌旭调到了南川县物资局，3个月后担任县物资局生资公司党支部书记、副经理，1993年任县物资局基建办公室负责人。1997年10月，周昌旭又调任南川区建委任工程质量监督站党支部书记，一直干到2003年退休。在县物资局生资公司工作时，周昌旭曾经赴武隆白马镇某建筑工地收取建筑材料款。从南川坐车到白马镇之后，然后走小路步行前往，却被前面一条湍急的河流挡住了去路。周昌旭也不害怕，他把衣服、裤子脱下来捆好顶在头上，毅然从河中游了过去。找到工地后，欠钱的那个包工头很是感动，特意请他吃了午饭，再一起到白马取了2万多元交给周昌旭。物资局领导感慨地说："周昌旭啊，你太能干了，太执着了，

---

[1] 2021年11月，荣大明口述。
[2] 2020年10月，鲁具学口述。

局里同志都应该向你学习！"①

二、财政基数的划转

驻南三线企业是南川重要的税源。企业搬迁后，南川以三线企业大规模搬迁前一年的应纳税收作为基数，要求上级划转产品税、增值税、营业税等税基。1993年12月，四川省计划委员会副主任余庆在涪陵召集省财政厅、税务局、重庆市三线办、涪陵行署、重庆市、西南兵工局、南川县、大江厂、红泉厂、红山厂、庆岩厂等单位，协调红泉、红山、庆岩三厂调整搬迁财政基数划转问题。经研究，决定以三厂1992年应支工商流转税200万元为基数划转，从1993年1月1日起调减涪陵财政基数、调增重庆市上解财政基数。

1999年1月29日，南川市向重庆市报送请示，鉴于宁江、天兴两厂的主体搬迁工作于1998年底"已基本结束"，要求以1997年应纳税收为基数调减税收基数。据统计，"两厂"1997年末职工人数4978人，占地面积1578亩，资产总额6.69亿元，销售收入2.58亿元，利润总额2588.8万元。1996年到1998年间，"两厂"及其五户附属企业实现各种流转税金及附加共计6092.5万元，其中1997年实现各种流转税金及附加合计2073.3万元（其中增值税1921.3万元、地方工商各税109.4万元、教育费附加426万元）。经计算，两厂搬迁共计应划转财政基数993.5万元，并请示重庆市相应减少南川的上解数额。

地方财政基数的划转及调减，标志着驻南三线企业在南川的活动全面结束。自1964年10月有关领导进入南川巡山选址，1975年前后完成基本建设并组织产品试制和正式投产，1980年至1984年进入"军转民"的转型阵痛和低谷期，1983年冻结住房等新扩建项目，1993年至2000年间先后完成工厂搬迁，南川三线建设就此落下帷幕。

---

① 2020年10月，周昌旭口述。

1969—1998年南川三线企业情况统计表[①]

（按当年不变价）

年度	企业数（个）	总产值（万元）	年度	企业数（个）	总产值（万元）	年度	企业数（个）	总产值（万元）
1969	1	13	1979	5	5584	1989	5	8653
1970	3	232	1980	5	3506	1990	5	7142
1971	3	419	1981	5	3976	1991	2	12467
1972	4	1410	1982	5	2815	1992	2	13468
1973	4	2190	1983	5	3760	1993	2	20067
1974	4	2367	1984	5	5033	1994	2	36917
1975	5	2924	1985	5	7068	1995	2	24366
1976	5	3283	1986	5	5788	1996	2	25834
1977	5	3780	1987	5	8978	1997	2	30175
1978	5	4524	1988	5	9735	1998	2	31091

---

① 载《南川区志》第293页。

第十一章
三线遗产的开发利用

三线调整后,形形色色的人们在新环境中坦然迎接新机遇、新挑战,历经重重探索与奋斗,努力找准新发展定位,以新的身份开始新的生产生活,在三线精神的指引下开启了全新的征程。

第一节 三线遗址的重新开发

驻南三线企业迁离后,南川成立资产处置办公室,广泛联系动员国有、集体尤其是私营企业参与三线企业资产的购买开发利用,经过长期的探索努力,取得了明显的成效。

一、七〇一二工地旧址

七一一所于1981年把七〇一二工地"无偿移交"给涪陵地区,涪陵地区再移交给了南川。为处置好这笔资产,南川县委县政府对七〇一二工地进行了较深入的考察,先后组织召开专题研究会议3次,成立由县长陈建国任组长,县经委、计委、工业、社企、财政等部门参加的南川县玻璃厂筹建领导小组。还于1981年10月由陈建国带队,组织有关部门前往外地考察寻找出路。

南川县的初步考虑是综合利用本地资源把七〇一二工地改建一个生产平板玻璃的"公社企业"。20世纪80年代初的南川以茶叶、蚕桑、苎麻、烟叶、水稻、油菜、苹果、油橄榄、生猪为代表的农副产业较为兴旺,以小煤矿、小水电、小水泥、小机械等为代表的社队企业全面开花,还涌现出南川氮肥厂、南川磷肥厂、南川水泥厂、龙岩河水泥厂、南平煤矿、东胜煤矿、南川硫铁矿、南川造纸厂、南川印刷厂、南川啤酒厂等一批县属企业,在七〇一二工地发展平板玻璃既是对南川丰富石英砂、白云石等资源的综合开发利用,也可填补南川工业产业链的一段空白。经洛阳玻璃厂煤气站鉴定,南川丰富的原煤资源能够满足有关工艺要求,兴隆金花、西胜高岩、沿塘安坪的石英砂储量及粒度元素等也能满足生产二、三类玻璃的质量要求。除已有硅酸盐专业人员2名外,南川县还组织有关专业人员14人赴外地学习。

1981年11月,南川县组织地质人员对境内石英砂、白云石、石灰石、煤炭等原料和燃料资源进行初步普查踏勘，并向四川省建材局作全面汇报。经四川省建材局、省非金属矿地质公司、省矿山设计院等到现场查勘，当地矿产资源可靠，工地改建条件较好，转产平板玻璃完全可行，能够达到年产25万标箱的生产规模。四川省建材局还委托四川省玻璃厂代为设计和指导施工。经测算，该玻璃厂的改建需资金约485万元，由南川县自筹50万元、借款435万元，可于1983年开始动工，1984年初即可建成试车投产。生产能力和效益方面，玻璃厂第一年的产能可以达到设计能力的70%，第二年达到设计能力的90%，第三年完全达到设计能力，第四年达到设计能力的110%，前四年累计产值可达784.73万元，也就是说仅用四年时间即可全部偿清借款并收回改建投资。同月，南川县向涪陵地区呈送了《关于利用七〇一二工地改建玻璃厂的报告》。

几个月后却发生了逆转。1982年7月，四川省批准将七〇一二工地移交涪陵地区，改建"四川省涪陵棉纺厂"。南川自主生产平板玻璃之路最终转移到南平镇。南平平板玻璃厂于1985年动工修建，1987年12月竣工投产，2001年改制为南川渝华平板玻璃有限责任公司，曾被评为中国乡镇企业"五星县级企业"、重庆乡镇企业50强[①]。

1982年12月，七〇一二工地被正式移交给四川省涪陵棉纺厂。1983年5月，四川省涪陵棉纺厂确定配备织锦机500台，年产涤纶、中长化纤强品1000万米，职工定员1514人。1985年，涪陵地区解决外汇30万美元，从西德、日本、美国引进西服生产设备100余台，增高服装车间，设计年产西服20万套[②]。1986年，涪陵棉纺厂正式投产。1988年1月，涪陵棉纺厂改由地县联办，党组织关系、思想政治工作由南川县委负责，企业的生产经营管理由涪陵地区轻纺局负责，厂级干部的任免由涪陵地委负责并征求南川县委的意见。涪陵棉纺厂先后更名为涪陵纺织印染厂、南川市纺织印染厂，1994年改制期间又兴办了重庆金凤纺织印染股份有限公司。2002年5月，纺织印染厂和金凤公司被广东华南纺织品公司、四川泸州厚利集团公司联合收购，于同年6月改制为重庆纵横纺织有限

---

① 《南川区志》，2014年，第278页。
② 《南川县工业局志》（上册），1986年11月，第79页。

公司。2002年10月,原涪陵地区棉纺厂正式宣布破产。2020年9月,重庆市纵横纺织有限公司所有机器设备被南川区人民法院查封并公开拍卖①,七〇一二工地的资产被划归南川区工业园区管理,设有安平社区便民服务中心、安平养老院、安平餐堂、重庆迅雷机械厂、重庆市泽衣服装有限责任公司等。

二、天兴厂遗址

2000年4月28日,成都天兴仪表(集团)有限公司与南川市金佛山旅游景区管委会签订"购卖"合同,由金佛山景区管委会以450万元的价格,收购天兴仪表厂451.65亩和天兴集团54.53亩旧址,用作建设金佛山西坡旅游后勤基地和游客集散中心,成为世界自然遗产、国家AAAAA景区金佛山的有机组成部分。

经过多年建设,原天兴厂办公大楼被改造为"天星小镇",职工子弟学校被改造为两江假日酒店,第一家属区之一被改造为三线酒店,第二家属区被改造为度假温泉,第三家属区和生产车间(二)归属南川山水公司,职工医院部分被改造为金佛山博物馆,露天游泳池被改造为停车场。只有生产车间(一)、露天电影院及第四家属区未被改造与利用②。

三、红山厂遗址

1996年6月,红山厂与重庆麦考集团签订意向协议,以房地产为股与麦考集团合作组建南川市麦考铝业有限责任公司③,重庆三峡库区规划开发有限公司投资900万元占股90%、四川红山铸造厂投资100万元占股10%④。次年,红山厂在南川市麦考铝业有限责任公司的部分权益交付南川市政府托管。南川市政府一度计划将委托代管的旧厂房引进贵州省遵义地区松林磷肥厂投资建设工业小区,筹备组建红山园区。2003年8月,南川

---

① 综合《南川市经济委员会志》(2003年4月,第244页、245页),《南川区志》《南川党史大事记》等。
② 王毅:《重庆地区三线建设工业遗产的改造与利用——以天兴仪表厂为例》,载《乐山师范学院学报》第34卷第11期,2019年11月,第67、68页。
③ 《重庆与红山厂合作》,载南川市委办公室《南川信息》第189期,1996年5月29日。
④ 据渝一中民初字(2005)第557号判决书。

市麦考铝业有限责任公司被吊销。

2015年12月，南川区惠农公司通过司法拍卖获得红山遗址土地权属。同年，红山厂"A01006"号车间被认定为南川区级文物保护单位，并于2016年入列重庆市级优秀历史建筑（第一批）。

四、庆岩厂遗址

庆岩厂的部分厂房被自然人据"残值"购买用作厂房、仓储设施。1998年4月，南川市教委向重庆市大江车辆总厂借用原庆岩厂理化室暂办石峨小学。1998年7月，南川石莲乡梁光旭在原庆岩厂子弟校校址创办了重庆市南川少林武术学校，招收小学一年级2个班80人、初中一年级2个班100人，2000年招收职高3个班164人，2006年12月更名为重庆市南川电子信息职业学校。至1999年，庆岩厂旧址先后有铸造、机械加工、化工建材等行业的企业约18户入驻，2001年实现工业产值约1.8亿元，就业人数400人，均为民营、私营、股份制企业。2003年3月，原南川市政府批复同意在庆岩厂遗址成立庆岩工业园区。

在庆岩厂遗址创业的多为南川本地工商户。如南川个体户全昌林，过去曾办过布鞋厂、铝合金厂等。1999年初，全昌林成立重庆金川永业公司，以32万元价格买下1.18万平方米的庆岩厂四车间生产电缆电线，工人最多时达200多人，先后上税上千万元。7年后公司关停，与人合作到红泉厂龙骨溪沟底开发卧龙潭旅游产业。因卧龙潭经营效果不佳，又重回庆岩厂四车间遗址办起养猪场，最多年份出栏生猪七八百头，成为南川养猪大户之一。又如南川县太平场人万光辉，2015年初改制下岗后邀约5人，合伙投资50万元成立起重庆市友德鞋业有限公司，以每年6万元的价格租赁庆岩厂原"五七"技校校址2000多平方米，用来生产解放鞋、防滑鞋、迷彩鞋、九九作训鞋、棉鞋等胶鞋系列46个品种。公司最多时雇请工人160多人，年产各种胶鞋100多万双，销往云南、贵州、四川、湖南、湖北等省，年产值700多万元，年上税10多万元。

五、宁江厂遗址

宁江厂搬迁后，部分厂房、宿舍等被自然人购买。宁江厂工具处（501

车间）被南川公安局接管，后以 5 万元的价格转让给重庆天晓制药有限公司，该公司于 2007 年 11 月更名为重庆科瑞东和制药有限责任公司。宁江厂子弟校（技校）校址被改建为为南川区水江镇中心小学校分校，2014 年 8 月独立建校后取名为南川区水江镇宁江小学校。宁江厂主厂区于 2004 年被重庆司法局以 350 万元购得，后改建为南川监狱，部分自然人购买的家属区房屋也被其收购。

第二节 三线企业踏上新征程

三线调整改造完成了以脱险搬迁为主"向城市聚集"的布局调整，通过技术改造实现了"军民结合、军转民"的产品产业结构调整目标，为迁入地培育了一大批富有活力的新企业，开启了迁入地快速工业化和城市化的进程。

一、宁江厂和天兴厂取得新发展

宁江厂和天兴厂迁至成都龙泉驿区十陵镇后，两厂的厂房和家属区都只一墙之隔。2017 年，两厂的厂区转迁至龙泉驿区柏合镇。

宁江厂在成都改制为宁江精密工业有限责任公司，仍是中国兵器装备集团公司所属的大型企业。民品部分于 2006 年 7 月改制为宁江山川有限责任公司，注册地址在龙泉驿区柏合镇的四川省成都经济技术开发区，主要为长安汽车集团生产汽车减震器，拥有成都总部、隆昌、都江堰三大生产基地，是川渝两地减震器行业省级企业技术中心。天兴厂仍是中国兵器装备集团公司所属的大型企业，拥有成都天兴仪表股份有限公司、成都天兴山田车用部品有限公司、成都兴原工业有限公司、上海万友天兴仪表工业有限公司等全资或控股公司。企业主产品有"天兴牌""天一牌"摩托车仪表、汽车仪表等，已累计向市场投放 1300 多万套。企业还生产油量传感器、油泵、水泵、自动变速器、齿轮盒、曲轴箱体等车用部品和各类高精度工模具，被确定为首批"四川省企业技术中心"。

由于两厂民品生产的主要合作厂家仍然在重庆，从成都运输物资往来重庆的高速公路里程是南川经包茂高速去往重庆里程的3至4倍。1997年重庆直辖又导致两厂面临不同省市间市场竞争压力，两厂迁蓉后一度面临了发展困境。迁蓉20年间，宁江、天兴两厂普通工人月收入从2000余元曾一度降至数百元，最高工资至今变化幅度不大，但劳动强度越来越高。从轻装上阵、更新换代的角度，宁江、天兴两厂在改制之后都实施了职工提前退休、集体下岗、买断工龄、自谋出路等分流措施。部分职工顺势而动，一些职工特别是年轻有知识的技术人员借助成都大都市平台进入了更适合发挥才干的单位，有的办理提前退休或停薪留职另寻出路，有的则直接被下岗分流自谋职业，部分职工回到南川，返乡务农或务工。

二、红泉厂、红山厂和庆岩厂融入重庆大江集团

红泉厂、红山厂和庆岩厂迁到重庆鱼洞后并入大江车辆总厂，亦即后来的重庆大江集团公司。大江集团由红泉厂、庆岩厂、红山厂、庆江厂、双溪厂、铸钢厂、锻造厂、平山机械厂、渝齿厂、总装厂等9个三线企业厂合并而成，"九合一"后于1992年组建大江车辆厂，至2020年10月只留下重庆大江集团军品分厂，有干部职工350多人。而其他分厂在改制过程中多数消失，工人"提前退休、提前下岗、买断工龄、自谋职业"。自主选择职业的工人约占10%左右，主要是技术工人。第一批自谋职业的厂里人均补贴8000元；第二批自谋职工，补贴1.5万元买断工龄；第三批自谋职业的，从2008年开始根据工龄长短、职务、职称，以10万元至20万元买断工龄[①]。部分买断工龄的职工回到南川重新就业，过上了稳定的生活。

我在1956年生于南川县兴隆公社金竹大队三秋子生产队，1976年12月高中毕业后被招收进红山厂，一直在102车间做木型工，主要负责做倒铁水的木模，形成翻砂件，全手工活，有的还做成塑料模。1996年5月，随红山厂调迁重庆鱼洞一〇七厂（重

---

① 2021年12月，红泉厂退休职工符廷才口述。

庆特殊车辆制造厂红山压铸分厂）继续做木型工。4年后，集体下岗等待工作。2000年7月，红山压铸分厂以1.5万元买断我28年工龄，自己凑钱买了一份养老保险金。那时我才45岁，便于2000年8月回南川，被南川电信局招聘为架线工，负责领材料、抬电杆、拉电线等工作，一直干到60多岁。现在每月有退休工资3800元[1]。

三、七一一所发展成为国际一流企业

中国船舶重工集团公司七一一所（上海船用柴油机研究所）是中国唯一的国家级船用柴油机研发机构。作为拥有59年历史的舰船动力研发机构和现代化高科技企业集团，七一一所是中国最具实力的国家舰船动力研发基地，拥有柴油机及气体发动机、热气机及特种动力系统、动力系统解决方案及相关产品、电气及自动化系统、能源装备及工程、分布式供能与新能源服务、海外业务等七大战略业务，其核心技术与产品在国内处于领先地位并具国际影响，已发展成为集研发、生产、服务、工程承包为一体的企业集团，服务于机械、石化、能源、交通运输等20多个行业和领域，涉及世界30多个国家和地区。七一一所拥有中国工程院院士1名，享受国务院政府特殊津贴专家41人，于1981年、1986年分别获得轮机工程专业硕士、博士研究生招生资质，于1995年获批博士后流动站[2]，拥有30多个现代化试验室，先后获得各类科技成果奖531项，其中国家科技进步特等奖2项、一等奖4项。

---

[1] 2021年12月，原红山厂102车间木型工唐一勇回忆口述。
[2] 七一一所招生资质等，据《上海船用柴油机研究所2023年硕士研究生招生简章》。

第三节　南川实现新作为

　　三线企业迁离前后的 1994—2006 年，是南川剧烈变迁的 12 年。12 年间各种因素叠加，使南川经济社会面临重大调整和转变。1994 年，南川撤县设南川市，开启了以市为治的历程。1997 年 3 月，重庆成立直辖市。同年 12 月，南川直隶重庆市。在国内国际大环境的影响下，南川也面临新的困境。宁江厂、天兴厂、红泉厂、红山厂和庆岩厂 5 家三线企业的陆续外迁，带走了至少 3.11 亿元工业总产值（1998 年数值），同时也带走了部分工业、商业和农业消费市场，水江、文凤、三泉、三汇等集镇一度衰落。就在那一时期，南川多年来最重要的资源煤炭面临大幅枯竭，原煤储量从 1949 年初的 2.05 亿吨降至 2006 年底 8610 万吨，原煤产量从 1996 年的 256.6 万吨降为 1999 年的 97.7 万吨。1996 年前后，南川乡镇企业进入调整期，特别是 1997 年爆发的亚洲金融危机使乡镇企业受到严重冲击，大批市属企业和乡镇企业出售、破产、关闭、剥离重组。至 2000 年，南川乡镇企业工业总产值比 1995 年下降了 44%。

　　进入 2001 年，南川工业企业探底回升。2001 年，南川 95% 的国有和集体工业企业完成改制，百货大楼、五金交化、蔬菜副食品、糖酒、饮食服务等国有商贸企业全面退出国有资产，涌现出博赛、蓝泰、双赢等一批规模大、经营好、实力强、贡献突出的骨干私营企业。全年规模以上企业完成工业总产值达 11.21 亿元，比改制前的 1999 年增长 45.42%；实现利润 5543 万元，比改制前的 1999 年增长 6138 万元，整体实现扭亏为盈；工业经济效益综合指数达到 114%，比 1999 年增长 51.2%；实现税金 1.04 亿元，比 1999 年增长 44.5%。

　　至 2006 年，南川已逐渐形成铝、煤、电力、化工、机械、建材、食品、轻纺、医疗等行业组成的工业体系，博赛矿业集团、双赢化工集团等一批大型企业迅速发展，国内生产总值从 1994 年的 11.54 亿元增加到

69.51亿元，工业总产值从6.01亿元增加到71.9亿元，财政收入从0.56亿元增加到2.54亿元，社会消费品零售总额从4.65亿元增加到22.73亿元，固定资产投入从2.35亿元增加到36.47亿元，三次产业比由1994年的33.4∶45.4∶21.2调整为19.2∶49.5∶31.3。南川城市建设也取得明显成效，中心城区面积扩大到11.6平方千米，常住人口增至13.7万人，常住人口城镇化率达到41.9%。

2007年11月，渝湘高速界石至水江段建成通车，这是南川有史以来最大的建设项目。2012年10月，南（川）涪（陵）铁路建成通车；2013年9月南（川）涪（陵）高速建成通车；2013年12月南（川）万（盛）高速建成通车；2016年12月，三（江）南（川）铁路建成通车；2017年10月，南（川）道（真）高速建成通车；2020年10月，南（川）两（江新区）高速建成通车。2007年至2020年间，南川新开通高速公路5条、铁路2条。至2023年，渝湘高速公路复线、渝湘高铁、南川西环线高速公路等处于紧张施工中，南川全区185个行政村通畅率（油化路或硬化路）达100%，202个撤并村通畅率85%，公路密度170千米/百平方千米。内外交通条件的全面升级改善，不仅让南川重新成为渝南黔北地区重要的交通枢纽，也全面融入重庆"一小时经济圈"。2006年10月22日，南川撤市设区。

一、新型工业园区建设

南川工业园区始建于2006年，是重庆市特色工业园区，总体规划66平方千米，控规41平方千米，建成区14平方千米，在10多年后形成了"一园四组团"的分布格局，拥有中医药、铝材料、页岩气、新型建材、机械制造、精细化工六大产业集群，至2021年初有入驻企业243家、投产企业195家、在建企业48家，2020年实现产值178.2亿元。3个组团中，龙岩组团包含了原七〇一二工地，水江组团辐射原宁江厂遗址，南平组团包含原庆岩厂遗址。

龙岩组团又称龙岩高新产业园。该组团成立于2006年，2010年获批"重庆（南川）电子信息产业园"，原定为重庆笔记本电脑产业"一园七基地"之一。2011年设立市级"博士后科研工作站"，获批"市级知识产权试点园区"。规划区内分北固居住片区、北固工业园区、东胜综合服务片区、东胜工业园区、七〇一二工地遗址安坪基地。远期规划20平方千米,控规面积15.88平方千米,建成区5.5平方千米。按产城融合发展总要求,以"产"为主,重点发展智能制造、铝材料、现代服务业。2014年,在七〇一二工地遗址发展起来的安坪都市工业园被纳入龙岩组团管理。至2020年有入驻企业90家,其中投产企业82家(规上企业38家)。

水江组团又称"重庆(南川)铝业产业园",在原宁江厂遗址附近。该组团远期规划面积20平方千米,控规面积12.4平方千米,建成区面积4.23平方千米。主导产业有新材料、精细化工、新能源(页岩气)等,至2020年有入驻企业41家,其中投产企业25家(规上企业13家)。

南平组团又称南平轻工制造园组团。该组团始建于2010年,早期规划面积7.5平方千米,包括眉湖片区、石庆片区、水丰片区、花盆片区、庆岩民营经济园区。后调整规划面积4.5平方千米,现建成区3平方千米,现有入驻企业77家。组团重点打造建筑现代化和紧固件2个百亿级产业基地,主导产业是以紧固件为主的机械装备制造和新型建材。其中,建筑现代化产业基地是重庆市首批布局的试点区县之一,规划面积2.5平方千米。紧固件产业基地获授牌"重庆市特色产业(紧固件)建设基地",规划面积2平方千米,配套建设国家级紧固件检测中心,重庆市级研发中心和物流配送中心。2014年,在庆岩厂遗址发展起来的庆岩中小企业创业基地被纳入南平组团管理。至2020年有入驻企业68家,其中投产企业41家(规上企业22家)。

大观组团又称中医药产业园区。重庆市中医药产业科技园区成立于2016年,它是重庆市唯一的中医药科技产业园区,也是重庆市特色产业(中药材科技)基地、重庆市院士专家工作站。该园区与红泉厂遗址附近的全国唯一成建制专业从事中药材栽培的科研单位重庆市药物种植研究所相呼应,目前已形成3平方千米框架、"四横七纵"路网,建成1000亩中药材种植园(河图镇)、5000吨污水处理厂、中国金佛山中医药文化博览馆、科技创新孵化中心等,重点发展中医药、生物医药、医疗器械、大健康食品及特色植物资源化妆品等项目,有天圣、天凯、百味珍、中佳信、嘉蓝悦霖、长城茶业、庆酒酒业、金佛山中医院等企业入驻。

二、生态产业园区建设

撤市设区后，南川根据地理环境、资源禀赋等把全区划分为三大经济板块，中部板块重点发展工业经济，北部板块重点发展现代农业和乡村旅游，南部板块重点发展生态旅游。前述工业园区即在中部板块，而北部板块的重点就是生态产业园区。如今的南川农村处处是现代农业开发项目，满眼是乡村旅游小景点，随处可见星级农家乐。

生态农业园区又称生态大观园。2008年2月，南川区在北部生态农业园中选择条件较好的大观、兴隆、河图、土溪、木凉等乡镇建设现代农业展示区，后来发展成为"重庆市南川区生态农业园区""重庆生态农业大观园"。该园区位于重庆南郊，地处重庆主城和南川城区之间，是连接渝南黔北的门户要道。园区面积280平方千米，涵盖了南川区大观镇、兴隆镇、黎香湖镇、木凉镇、河图镇等5个镇。园区地形以浅丘槽坝为主，平均海拔750米，森林覆盖率近60%，是重庆市"一小时经济圈"内生态最美、面积最大、平台最高、区位最优、条件最好的田园世界。园区内有优质粮油、优质笋竹、优质畜禽、优质蔬菜、优质中药材、有机茶叶、优质中蜂、花卉苗木等主导产业。

全域旅游示范区。经过多年发展，生态大观园后来升级为"十二金钗"大观园，有紫色爱恋薰衣草园、众里寻她玫瑰园、前程似火红千层园、粉色童话樱花园、金色飘香桂花园、一步一香蓝莓园、国色天香牡丹园、梦想天空香草园、步步生莲荷花园、踏雪寻芳梅花园、映山红遍杜鹃园等12个子景点，以及"川军血战到底"实景演出景区等，先后推进创建国家全域旅游示范区、国家中医药健康旅游示范区、国家级旅游度假区，汉场坝村、金龙村分别入选国家级、市级乡村旅游重点村，成功培育了黎香湖小镇、红曼农业、沃野牧场等一大批特色小镇、美丽乡村、家庭农场，常年举办"十二金钗大观园"乡村旅游文化节、油菜花节、蓝莓节、年猪节等乡村旅游节会活动。

三、生态康养旅游景区建设

南川南部板块经过发展，形成了以金佛山为龙头，以山王坪、神龙峡等景区为结点的康养旅游体系，并最终形成以金佛山景区为核心的"金佛山—城区—大观园"景城乡一体化发展布局。扼守金佛山北大门的红泉厂遗址、扼守金佛山西大门的天兴厂遗址，以及神龙峡的红山厂遗址。

南川撤市设区后，先后组建金佛山旅游景区管理委员会，引进重庆交旅集团开发金佛山西坡，集中建成西坡索道、西坡上山公路、天星两江假日酒店、牵牛坪天街、天星小镇等一大批旅游基础设施。金佛山成功列入世界自然遗产名录并获评"国家生态旅游示范区"，"金佛山—神龙峡"成功创建为国家 AAAAA 级旅游景区，金佛山飞拉达、金佛寺、绝壁栈道、天星温泉等一大批精品旅游设施建成投用，东街故城、山王坪喀斯特森林公园、里隐洞景区等开门迎客，举办了金佛山国际旅游文化节暨杜鹃花节、渝南黔北区域文旅联盟大会暨渝南黔北区域旅游文化节、金佛山冰雪季、金佛山方竹笋节、"味道南川"美食文化节等大型节会活动。良瑜国际、兴茂、山语涧等一批康养项目落地建设，与生态旅游相关的森林康养、文旅康养、运动康养、中医康养四大业态稳步培育，还举办了博鳌国际康养文旅论坛 2020 金佛山峰会等节会活动。截至 2020 年，南川先后建成 AAAAA 级景区和 AAAA 级景区各 1 个、AAA 级景区 6 个，构建起以金佛山为核心、8 个 A 级旅游景区互为补充的旅游景区集群和多条旅游环线，其中金佛山"178"环山趣驾旅游把原宁江厂、红泉厂、庆岩厂、天兴厂、红山厂 5 个三线企业遗址连接到一起，天星沟、龙骨溪、神龙峡、老龙洞、里隐洞、黄泥洞等已成为金佛山生态康养旅游的一张张名片，"山沟沟"从此焕发新活力。南川先后被评为《魅力中国城》十佳魅力城市、中国冬季旅游名城等，"金佛山·福南川"成为闪耀国际旅游市场的响亮名片。

第四节 情缘未了

南川与原驻南三线企业的联系从未中断。伴随三线企业搬迁到重庆、成都的不仅有企业职工及其家属，还有部分南川籍社会人员随同。如重庆鱼洞的大江车辆总厂，有部分南川本地人前往该厂务工，成为该厂的新工人。宁江、天兴两厂迁往成都后，一批南川籍住宅装修、饮食等行业从业人员也跟随来到成都十陵，早期在家属区周边从事家居装修、家具打造等，经营南川豆花饭、水江灰粑、水江油粽子、南川方竹笋、重庆小面，售卖往来成都、南川的汽车票，部分人员还直接进入宁江、天兴两厂务工。随着时间的推移，部分三线企业干部职工和专家学者乃至青年学生开始重拾三线记忆，组建三线建设研究会地方分会，撰写回忆文章、论文等，创办"三线视点家园"（重庆巴南）等民间展馆，组织专家学者和老"三线人"到三线遗址参观考察。南川与原驻南三线企业的人文联系正逐渐恢复并得到加强。

一、三线主题社区

随着三线建设有关研究的深入，原三线企业开始关注三线文化在企业文化塑造中的重要作用，纷纷在原家属小区等打造三线主题社区。驻成都市龙泉驿区十陵街道的宁江、天兴、华川、江华4个军工社区都突出打造为三线建设主题文化公园，十陵街道因此被中国三线建设研究会授予"中国三线建设研究会社区文化传承基地"称号。

宁江社区原系1999年迁到成都的宁江厂家属区，面积约0.1平方千米，内有家属房28栋、单身房1栋，户籍人口5000多人、常住人口9000多人，其门牌号为"灵龙路564号"。2003年7月，宁江厂家属区成立独立的宁江社区，下设7个居民小组。2007年宁江厂党总支落地改为宁江社区党总支，又于2017年升格为宁江社区党委。近年来，宁江社区以原工厂职工、职工子弟为主体组建"两委"班子和楼栋长队伍，由社区成立物管中心对居民开展"托管"服务，被称为"以社托管"。如刘先群随宁江厂迁到成都后于2015年提前退休，先后做过零工、保险推销、社区人口普查、社区垃圾指导员等，2021年初当选为宁江社区的一名普通楼栋长。宁江社区党委书记张莉是原宁江厂职工，后转入社区工作；两位副书记中，一位是宁江厂子弟，另一位为面向社会公开选聘，他们的年龄都不到50岁。经过近20年建设，该社区先后于2018年被评选为成都市"百佳优秀示范社区"、龙泉驿区"十佳示范社区"，2020年入选"2020年度全市党建引领城乡社区发展治理示范小区"。

进入21世纪第2个十年，宁江社区开始突出打造三线主题社区文化。

他们突出"三线""军工""工业风"元素，建有"宁江记忆长廊""国防教育长廊""三线文化墙"等记忆载体。"中国大三线"文化墙在进入宁江社区道路的右侧，贴有"备战备荒为人民""好人好马上三线""革命战士是块砖，哪里需要哪里搬""三线建设要抓紧""先生产后生活"等标语口号，还有三线建设情况简介、宁江厂简介、中国三线建设分布图、宁江厂南川老厂区示意图等，突出"艰苦奋斗、团结协作、改革创新、无私奉献"16字"三线精神"表述语。宁江社区的中心花园于2018年被改造成宁江文化广场，两条休闲长廊分别为"宁江记忆长廊"和"国防教育长廊"，"宁江记忆"长廊征集了社区居民近500件老物件老照片。社区还开展"宁江夜话·共商治理""忆迁故事·寻美宁江""老旧物件·记忆宁江"等活动，拍摄《三迁三入》[①]微电影等。

二、分处两地的宁江小学

宁江厂和天兴厂整体搬迁到成都后，两厂子弟校也随迁成都。其中中学部并入华川社区内的华川中学（后迁离华川社区）而从此消失，只剩下子弟小学继续存在。而宁江、天兴两厂虽然没有实现最终的迁并，两厂家属区也因此新修围墙相隔，介于两部分家属区的子弟小学却以合并的方式保留下来，学校校门在宁江家属区内，天兴家属区一侧另开一道小门出入，也就是宁江小学。2006年8月，驻龙泉驿十陵的三线企业子弟校资产、教师等全部移交地方管理，原江华厂、华川厂、天兴厂、宁江厂等4所"四"字号的子弟校合并而为"成都市龙泉驿区十陵第四小学校"，校舍在原宁江和天兴的子弟校内，是当年十陵镇最大的一所小学。2010年10月，十陵第四小学校再度改名为"成都市龙泉驿区第十六小学校"，2016年6月最终改为"成都市龙泉驿区灵龙小学"，以宁江社区在十陵街道灵龙路而得名。灵龙小学占地15000余平方米，在职教工100人，在校学生1700多人。因校舍在宁江社区和天兴社区之中，与社区、厂区乃至"三线建设"有不可分割的地缘、文化、血脉联系，其学生活动包括为宁江、天兴社区居民

---

① 所谓"三迁三入"系指宁江厂先后从沈阳迁往南川水江、从南川水江迁往龙泉驿十陵，后来又从龙泉驿十陵迁往龙泉驿柏合工业园区的发展史。

表演节目、打扫社区环境等。

　　留在南川的原宁江厂遗址内的宁江子弟校校舍，则被创建为新的"宁江小学"，这是驻南6所三线子弟校中唯一"复活"的一个。南川区水江镇宁江小学于2014年8月独立建制，包括一所小学和一所幼儿园，占地面积13000平方米，教职工128人，有小学生和幼儿生共计2000余名。近年来，宁江小学组织编撰《艰苦成就卓越奋斗书写人生》故事集、《铭记三线》《过去的三线永恒的精神》《三线故事集》《水江美》等校园读本，《唱响宁江》校园歌曲，甚至组队前往成都、江津、攀枝花等地考察学习。他们把"三线精神"和"三线文化"作为核心品牌，塑造"艰苦成就卓越，奋斗书写人生"核心精神。2017年7月，宁江小学成功挂牌为西南大学教育学部基地学校。2020年10月，宁江小学被南川区委宣传部、区党史和地方志研究室命名为"南川区党史教育基地"。2020年10月，宁江小学被中国三线建设研究会命名为"三线精神进校园文化传承基地"。

三、永远的"三线人"

　　"三线人"即使离开了三线也始终是"三线人"，始终牵挂着曾经的三线。迁走之初，个别单位曾组织职工返回南川开展纪念活动。如2006年6月，天兴厂在纪念建厂40周年之际曾组织部分员工重回离别七年的天星沟，他们回南川的路途变得非常顺利，看到"老厂"厂区已经发生了天翻地覆的变化：

> 工厂油库所在地"一线天"已修成了旅游景点，骆驼峰还沐浴在晨曦之中，流传有种种神密传说的"七十二洞"掩映在绿荫之中依然显得神秘，食堂后面的天然小瀑布依然小家碧玉般含情脉脉。石钟溪，生命的小溪，天兴厂顺着你的两岸而建，你每日为天兴人唱着欢乐的歌。在你清洌的溪水中，孩子们抓鱼摸虾，游泳戏水，你是孩子们快乐的摇篮。我脱了鞋，再次走进你的水中，拣几块鹅卵石投掷出去，重新感受着童年时的快乐。
>
> 办公大楼前的宣传栏画面清晰，黑板报的字迹还依稀可辨，黑板报内容还停留在搬迁前的1999年。宣传栏上"99天兴总体思路"和"工厂平面图"还完好无损。我们品质管理部办公室的

墙上，还贴着当年的"劳动竞赛栏"。拍下来，统统拍下来，自己工作过的地方要留个影，父母工作过的地方也要拍张照。这是当年我们挥洒过青春热血的地方，用心血和智慧创造的事业留下的痕迹。这些地方，发生了许多可歌可泣的故事，留下了如火如荼的岁月。①

老职工回"老厂"走访的并不多。即使是留在南川的原三线老职工，能够回厂走访的也较少，部分因为年迈多病，部分因为不方便进入遗址区域。如居住在南川水江镇的刘维本，自1980年离开距家30余千米的安坪七〇一二工地后就再未回去，直到2022年5月2日才在3个儿女的陪同下重游故地。抵达七〇一二工地后，刘维本先后走访了原家属区、车队、食堂、电影院、医院、办公楼、车间及周边农村等，查看当年的宿舍房间，走访周边曾经的熟人朋友和老农。原籍重庆秀山的宁江厂退休职工黄联贤曾于2020年回到南川水江探访，除了看到老厂的新变化，也看到了他们逝去的青春：

> 我是涪陵地区秀山的人，1969年由部队退伍进厂的，开始在厂部办公室，后来在宣传科，最后调到工会。搬到成都后我们回去过一次，就是2020年。原来的家属区现在是水江镇上的居民在住，通过改造、装修完善多了。厂内是重庆市劳改农场（编者按：水江监狱）占用的。原来我放电影那个电影院，现在是水江镇一个公共办事机构（编者注：水江派出所警务执勤点），像我们十陵政府的办事地点一样。我今年78了，还是想在离世之前，多去走走、去看看我们奉献过青春的地方。我爱人是南川人，也更想回家去看一看。虽然来成都已有20多年，但在水江待的时间更长，将近30年。我18岁当兵，23岁到的水江，青春烙印实在难忘。②

---

① 刘常琼：《重回天星沟》。
② 2021年5月24日，黄联贤口述。本节有关宁江厂职工及子弟的口述资料，均由刘潆翎于2021年5月赴成都市龙泉驿区十陵街道宁江社区采访所得。

南川籍的二代三线人及其家属子女,特别是还有亲人在南川的,回乡、回厂相对频繁。譬如宁江厂的刘先群姐弟俩,因为父亲在迁厂之际留在南川,几乎每隔一两年就会带着全家回南川,回到水江后忍不住又去老厂走一圈。对他们来说,"老厂"不仅牵挂着一份亲情,更是他们成长、生活的记忆:

> 每次回去我都还是很想去看看原来我们的工厂。毕竟是我工作过的地方,青春绽放过的地方,青春一去就没有了。现在已经人到中年了,就算我们穿得好了、吃得好了,但你婆婆已经不在了,爷爷又隔那么远,我们三姊妹各奔东西,想到这些就想回老家南川、回老厂宁江看看。主要是想看到以前的那些东西还在不在,那些东西在就真的还有感情。一砖一瓦,比方说我们以前住的8栋,假如它还在,一看到这个房子我就会想到以前生活的点点滴滴。①

> 我回去看到原来读过的幼儿园,已经烂了,完全就是个废堆堆,没什么感觉。我最有感觉的是"大门",是婆婆原来摆烟摊的地方,现在一直记得。我小时候比较调皮,一个人从(8栋)一楼跑出去耍,跑到婆婆的烟摊去。那个地方真正去回想还真想不起,因为我(从南川到成都)过来的时候实在太小了。②

曾在外参加三线建设的南川民工也纷纷自发组织故地重游。2014年10月1日,原攀枝花钢铁公司耐火材料厂工人郑国其带着妻子、儿子、儿媳、孙子等一家5口人,自驾车途径重庆、成都、雅安,耗时18个小时回到了攀枝花,参观耐火材料厂和攀枝花市区,拜访留在攀枝花的南川籍工友和其他相好工友。听到消息后,吕述华、江朝杰、陈双全等原攀枝花钢铁公司耐火材料厂职工也相继前往攀枝花,参观回望那曾经献过青春的地方。南川籍原攀枝花钢铁公司耐火材料厂工人还成立有"攀钢返乡工友联谊会",每年聚会一次,除了畅叙三线旧情,还组织看望生病、困难的部

---

① 2021年5月24日,刘先群口述。
② 2021年5月24日,刘先群的女儿江慧文口述。

分乡友[①]。2020年10月25日,"襄渝铁路建设50周年南川战友会"在南川城西永隆山举办,会议由原南川民兵团20连连长陈碧容主持。次日,36名曾参加襄渝铁路大会战的原南川民工经由刚通车的南两高速公路,长途跋涉4小时后抵达四川省大竹县,再辗转乡道抵达魂牵梦萦的庞家嘴。老民工们仔细查看当年修建的大桥、明槽、隧洞,找寻当年搭建工棚的地点,探访老房东和她的儿子。那里房东才生小孩不久,民工们经常抱着孩子逗玩,如今孩子已经50岁出头[②]。

四、重庆主城都市区与成渝双城经济圈建设

进入新时代,"重庆主城都市区"和"成渝地区双城经济圈"成为南川与原驻南三线企业新的连接点。

红泉、红山、庆岩三厂迁入重庆主城后,南川先后迎来重庆直辖和被重庆直管,在客观上随红泉厂、红山厂和庆岩厂融入了重庆主城区。1998年以后,南川与重庆主城区关系先后有"地区性中心城市"(1998年)、"渝南地区中心城市"(2001年)、"一小时经济圈"(2003年)、"渝南黔北经济高地和区域性中心城市"(2006)年、"重庆卫星城"和"都市后花园"(2010年)、"区域中心城市"(2011年)、"区域经济中心"(2012年)、"重庆大都市区卫星城"(2015年)、"全面融入重庆主城"(2016年)、"同城化发展先行区"(2020年)、"现代化郊区新城"(2023年)等多种表述,基本趋势就是向重庆主城区靠拢。

2020年1月3日,中央中央财经委员会第六次会议强调推动"成渝地区双城经济圈"建设,把2006年提出的"成渝经济区"升格为"成渝地区双城经济圈"。同年5月,南川区组织人员赴成都市新都区、龙泉驿区、金牛区、都江堰市和乐山市等地考察学习,与都江堰市签署《金佛山景区与青城山–都江堰景区战略合作协议》,举行"巴蜀文化旅游走廊自由行"南川区–都江堰市双城互动首发仪式,与四川省内江市市中区、南充市顺庆区等签订合作协议。2021年1月至2022年8月,南川先后与四川省广元、

---

① 2021年12月,郑国其口述。
② 顾云生:《重返襄渝战地,追忆无悔青春》,载《谈钓鱼》第214—218页,2021年8月1日。

乐山、都江堰等地区缔结为友好城市。

　　随着南川全面融入重庆主城都市区与成渝双城经济圈，南川与原驻南三线企业的联系与合作将重新启动，并跨上一个新的台阶。曾经的三线企业和"三线人"也将成为直接有力的媒介，助推南川更快更好融入重庆主城都市区和成渝双城经济圈。曾经的三线小县南川正一步步走向成熟走向自信，以更加开放包容的姿态、更加开阔深远的视野、更加细致严谨的作风迎接新的突破与发展。

后 记

系统梳理南川三线建设历程，宣传弘扬三线文化，是南川各级干部群众多年的夙愿和强烈要求，也是南川区党史和地方志研究室的职责所在。

《金山凤水三线情——南川三线建设纪实》的正式策划始于2020年9月，从头学习了解有关情况，广泛查阅、征集档案文献资料，深入各地走访知情人士，直到2022年8月底基本完成初稿撰写。2022年9月，再查阅补充档案史料及口述史资料，调整完善篇目结构，于2022年11月编撰完成第二稿。经进一步梳理核校，于2023年2月形成送审稿，2023年11月完成第二次送审稿，前后已3年有余。对本书编者而言，编撰过程也是宝贵的学习过程、思考过程和思想荡涤过程。

本书由周平、余道勇先后协调策划，唐世叙负责前期走访并编撰初稿，刘先忠负责篇目设计、资料补充、修改核校、统稿等，余道勇负责文稿的最终审定。喻苗承担了部分档案资料收集及文稿校对工作，李永红、冷卜丹负责前期文字录入、校对等工作。南川区档案馆为本书编撰开放了部分档案资料，一些热心人士为资料收集积极奔走。特别是唐世叙以78岁高龄不辞劳苦、不畏寒暑，累计采访知情者100多人，手书文字35万余言，以实际行动展现了南川人的三线情怀和三线精神。在此特别向他们表示感谢！

本书的资料主要来自宁江、红泉、红山三厂的厂史和南川区档案馆藏档案，以及有关学术论文、新闻报道、回忆文章等。为充分展现本书的地方属性，还广泛走访了参与南川三线建设的干部职工、亲历者和知情人，以及部分职工的家属子弟等。由于资料收集和撰写阶段恰逢"新冠"疫情持续肆虐，不仅未能赴上海、成都完成实地走访，近在咫尺的重庆也难以抵近实地查访，特别是缺乏天兴厂、庆岩厂、七一一所等单位的厂史资料和档案资料。第一手资料的缺乏使本书的缺憾还相当多。希望各位读者能够及时与我们联系,广泛提供三线建设有关的回忆录、口述史文章、书信、游记、诗歌、图片以及研究成果等,便于我们编撰后续图书和研究成果时采用,帮助我们持续讲好南川的三线故事。

  本书部分档案文献和口述史资料因引用较多未能一一标注出处。为还原历史真实,有关地名、单位名称等均按当时称谓。因经费有限,不能向有关人士支付稿酬,若有被引用或借用的敬请及时告知,以便寄送样书以示感谢。由于时间仓促、水平有限,本书难免存在错漏之处,敬请各位读者特别是有关专家学者不吝批评指正,提出宝贵意见,以便我们在条件成熟时修订完善。

编者

2024 年 4 月